策略 ブラック運動会・卒業式
追い込み鍛える！行事指導

中村 健一 著

明治図書

はじめに

わ〜い！　夏休みがやってきた。

何度も公言しているが、中村は夏休みが、好き！　だ〜い好き!!

子どもたちの相手をすることもなく、心配をすることもなく、自分のために時間が使える。『ブラックシリーズ』も、全て夏休みに書いている。

やりたいことが多すぎて、毎年、夏休みは睡眠時間が減る。毎日3時間ぐらいだろうか。

それでも、心も体も、ものすごく健康だ。ストレスが全くない。夏休み、バンザ〜イ！

毎年、夏休みが永遠に続くことを祈っている。

念のために言っておくが、今の私は、そこまで子どもを嫌っているわけではない。

しかし、子どもは、商売相手。ましてや、保護者は、もっと商売相手。

商売相手に気を遣わずに過ごせる夏休みは、至福の時である。これは、多くの教師たちの本音ではないだろうか？　私だけが「特殊」なのだろうか？

いや、そんなことはあるまい。私が「特殊」な存在なら、『ブラックシリーズ』は、こんなには売れなかっただろうから。

『ブラックシリーズ』の読者から届くのは、多くの「共感」の声だ。「私が言いたいことをよくぞ言ってくれた。まさに痛快！」と言ってくださる方も多い。

私は、実は、自分のことを「ブラック」だとは思っていない。野口芳宏氏や岩下修氏、野中信行氏、横藤雅人氏、多賀一郎氏、上條晴夫氏、古川光弘氏（尊敬する大実践家を挙げてみた。何冊も著書があるので、若手にはこの方々の本ぐらい読んでほしい）たち先人から学んだことを若手に伝えているだけだ。

何一つ「特殊」なことは書いていない。学級づくりの「王道」とも言えることを書いている。

ただ、私には文章力という武器がある。ユーモアという武器がある。それらの武器を生かして、ちょっとおもしろく、ちょっと意地悪く書いているだけだ。内容的には、他の実践家たちが書く本と全く違いはない。それが『ブラックシリーズ』の正体である。

こんなタネ明かしをしてしまうと、読者は興ざめかも知れない。そして、この本も売れなくなってしまうかも知れない。

それでも、もう、構わない。今まで出してきた4冊の『ブラック』は売れた。明治図書にも貢献した。もう十分だろう。

実は、今回の『ブラック』は上手く書けるか心配である。

なぜなら、今の私は、非常に恵まれた生活をしているからだ。生徒指導主任ということもあって、今年は3年生の担任である。こんなに下の学年をもつのは、20年以上ぶり。3年生の子どもたちは、かわいい。純粋に、かわいい。かわいい。かわいすぎ。

中村先生のことが好きで好きで仕方ないというのが、ダイレクトに伝わってくる。愛されている実感がある。だから、学校に行くのも、楽しい。

4年前の私は、非常に厳しい現場にいた。子どもや保護者と戦う現場は、まさに戦場のようだった。だから、学校に行くのは、嫌だった。

それでも、いや、だからこそ、『ブラック学級づくり』のような本が出せたのだ。厳しい現場に勤めるのも、悪いことばかりではない。

今は、平和である。心、安らかである。こんな状態では、『ブラック』は書けない。

それでも、若手に書き残しておきたいことがある。「行事指導」だ。教師は「行事」をもっと大切にすべきだと思う。だから、今年の夏休みもがんばって『ブラック』を書くことにする。

私の「行事指導」を紹介するうえで、今回は、できるだけ「具体」にこだわった。具体的に私の指導の言葉を書いていく。言い方は悪いが、私は、

教育は、詐欺のようなものだ

と思っている。さすがに「詐欺」は、まずいか。なら、「宗教」かな。いかに私の口車に乗せ、子どもたちや保護者を騙し、信じ込ませるか。その具体を紹介していく。う〜ん、ブラック。黒くなってきた。がんばって書けそうだ。

最後に、昔の私のような、本当に厳しい現場で戦う教師に告ぐ。

厳しい現場を生き抜くために、黒くなれ！
どんな手を使ってでも生き抜けば、必ず幸せな時がやってくる。

2018年7月28日　誕生日の早朝に

「日本一の腹黒教師」中村　健一

もくじ

第2章

体育主任必読…運動会

子どもを育てる「策略」

第3章

卒業式

子どもを鍛える最後の「策略」

エピローグ

ブラック遠吠え

第1章

修学旅行、遠足、社会見学

子どもを伸ばす
「策略」

行事を軽く見たら、二流教師に成り下がる

私が教師になった四半世紀前（25年、いや、もっと前か）は、学級づくりなんて必要なかった。

子どもたちは同じクラスになっただけで「仲間」だと思っていた。「友達」だと思っていた。だから、自然に「集団」になった。

特に学級づくりなんて意識しなくても、クラスが自然にできあがっていたのだ。

しかし、今は、違う。ハッキリと違う。

子どもたちは同じクラスになっただけでは「仲間」だとは思わない。「友達」だとも思わない。だから、「集団」になるわけがない。ただ、「群れている」だけなのである。

この「群れている」だけの子どもたちを「集団」にしないといけない。それが学級づく

りである。

学級担任だって、そうだ。四半世紀前の子どもたちは、担任になっただけで「先生」だと認めてくれた。指示に従ってくれた。

しかし、今は、違う。ハッキリと違う。

子どもたちは学級担任になっただけでは、「先生」とは思わない。「ただの大人」ぐらいの感覚だ。

「ただの大人」を「先生」と認めさせなければならない。それも学級づくりである。

学級づくりをしなければ、学級は成り立たないのだ。

それなのに、大学では学級づくりの方法を教えない。だから、大学を出たばかりの初任者が学級を壊し、自分を壊し、次々と辞めていく。

確かに、大学では、授業づくりの方法は教えてくれる。しかし、それだけでは不十分だ。


まずは、土台として、学級をつくる。

その安定した土台の上に授業づくりがあるのだ。

学級づくりをせずに、授業が成り立つわけがない。

大学が学級づくりを教えてくれないなら、仕方ない。私が教えよう。そして、少しでも多くの初任者や若手教師を救おう。そんな思いで、数々の本を出版し、数々の講座を行ってきた。親友・土作彰氏（著書に『絶対に学級崩壊させない！ここ一番の「決めゼリフ」―〈生き方〉に迫る深いいいクラスづくり―』明治図書などがある）を始めとする同志たちも同じ思いだろう。

そんな私が今、若手教師に伝えたいのが、行事指導である。それは、

行事は、子どもたちを鍛え育て、学級を安定させる有効な武器になる

からだ。

それなのに、大学では、行事指導を教えてはくれない。

それどころか、現場でも行事が軽視される傾向にある。この傾向のなかで、若手教師は行事指導の術を学ぶ機会が少ない。

我々は、若い時、先輩教師の行事での指導を目の当たりにしてきた。そして、目で盗んだ技術を真似して、自分の行事指導に生かしてきた。

その技術を若手たちに伝えたいという強い思いが本書を書く原動力だ。

この思いが元になっているため、本書では私の具体的な指導場面を多く載せる。「はじめに」にも書いた通りだ。私の指導場面を読んで、若手教師に私の技術を盗んでほしい。

『ブラックシリーズ』は売れた。大いに売れた。『学級づくり』も『保護者・職員室対応術』も『授業づくり』も『学級開き』も、売れた。

しかし、私の予想では、この『行事指導』は売れない。『行事指導』が売れないのは、教師たちが「行事」を軽く見ている証拠なのだ。

行事を軽く見るな！

と、私は吠えたい。

遠足や自然教室、修学旅行のような遠足・集団宿泊的行事がある。運動会、身体測定のような体育的行事がある。卒業式、入学式のような儀式的行事がある。また、正確には行事ではないが、6年生を送る会のような児童会活動がある。

この本では、こうした非日常的な取り組みを全て行事と呼んでしまうことにする。

では、「行事指導」のための「策略」を具体的に述べていく。

行事には教師の「サディスティック気分」が似合う

遠足や自然教室、修学旅行を子どもたちは楽しみにしているものである。

前の日は、ワクワクしすぎて、眠れない子がいるほどだ。40年前の私も、そういうかわいい子どもだった。

では、遠足や自然教室、修学旅行は、ワクワク楽しみにするような「遊び」だろうか？

子どもたちが楽しみにして、ワクワクするのは、仕方がない。だって、子どもなのだから。それに、子どもたちが行事を楽しみにしなくなったら、行事は力を失ってしまう。子どもたちが楽しみにしているということが、行事のもつ力の原点なのだ。

大人である教師はどうだろう？

子どものように遠足や自然教室、修学旅行を楽しみにしていないだろうか？

たとえば、修学旅行は2日かけて行くことが多いだろう。つまり、その2日間は授業をしなくていい。だから、楽だ。

また、いろいろな場所を観光できる。遊園地では、子どもたちと思いっきり遊べる。確かに、楽しい。仕事ではあるが、観光旅行のようである。

私も正直言えば、修学旅行が大好きだ。非日常的な空間にワクワクもする。

しかし、私がワクワクするのは、ただ単に授業をしなくていいからではない。楽だからではない。楽しいからでもない。

子どもたちを修学旅行で鍛えるのが楽しみなのだ。

修学旅行は、非日常。子どもたちは、非日常の空間・時間のなかでいつも以上にがんばるものである。だから、いつも以上に負荷をかけても、大丈夫。

子どもたちのワクワク感を利用して、いつも以上に鍛えてやろう

というイメージだ。教師には、このぐらいのしたたかさが必要なのである。

修学旅行では、少々叱っても、子どもたちはへこたれない。

「それなら、修学旅行にきた意味がない。帰りなさい。帰りなさい！」

と怒鳴っても大丈夫。教室で「帰りなさい！」と言うと、本当に教室から飛び出して家に帰ってしまうような子もいる。しかし、そんな子も、修学旅行先から家へは帰れない。こういう物理的な条件も利用する。すると、いつも以上に厳しく叱れる。

だから、修学旅行は、子どもたちを鍛え育てる絶好の機会なのである。

そもそも、丸２日分の授業時間をつぶして行くのだ。それなのに子どもを育てないなんて、もったいなさすぎる。

これは、修学旅行に限らない。自然教室や遠足は、もちろん、そう。運動会も、もちろん、そう。始業式や終業式、入学式、身体測定、避難訓練などなど、行事は全て子どもを育てる絶好の機会だ。

プロである教師は、

学校で使われる全ての時間は、子どもたちを伸ばすためにある

ことを意識すべきである。

行事で子どもを伸ばすなんて、古い教師かも知れない。でも、私は、堂々と言う。

古くて結構。何が悪い！　私は、行事で子どもを伸ばそうとする、古い教師だ。

最近の学校は、授業中心に動いている。そのせいで、多くの行事がカットされた。お陰で子どもたちを伸ばすせっかくの機会がどんどん減っていってしまったのだ。

そんなに「学力」が大切か？「学力」といっても、「全国学力テスト」のお稽古に時間を費やしているだけではないか。あれだけ過去問などをたくさんやれば、確かに点数は上がるだろう。だから、結局、どの県も差がなくなってしまったではないか。本当に「学力」が伸びたとは言えない。「無駄！」の一言だ。

そんな無駄をするぐらいなら、行事にしっかりと時間をかけ、子どもたちを鍛え育てた方がいい。私は、この本をきっかけに、密かに行事の復権を狙っている。

行事は、遊びではない。まずは、教師が自覚することが必要だ。

そのうえで、どうやって子どもたちを伸ばすか？「策略」を巡らせる必要がある。では、修学旅行を例に、具体的な「策略」を紹介していこう。

しょっぱなは、子どもの「遊び気分」を叱れ

まずは、教師が修学旅行などの行事を「遊び」ではないと自覚することが必要だ。

そのうえで、子どもたちにも「遊び」ではないと自覚させることが必要だ。

たとえば、私は、修学旅行について説明する時、最初に子どもたちへ次のように言っておく。

「修学旅行は、遊びではありません。大切な授業時間を使って行くのです。また、お母さん、お父さんに2万円という大金を払ってもらって行くのです。成長して帰ってこなければ、申しわけなさすぎです。」

「最初に」が肝心だ。「最初に」こういう説明をしておけば、「修学旅行で成長して帰ってくる」という大きな目標を押さえられる。

いや、目標というよりは、ストーリーかな。そう、「成長ストーリー」とでも言えるものだ。私は、

行事では、子どもたちを「成長ストーリー」に乗せてしまう

ことが大事だと考えている。これは、私の全ての行事指導に共通しているように思う。後から紹介する他の行事での私の指導を読んでいただければわかるだろう。

「修学旅行は、遊びではありません。大切な授業時間を使って行くのです。また、お母さん、お父さんに2万円という大金を払ってもらって行くのです。成長して帰ってこなければ、申しわけなさすぎです。」

真面目な顔をして、厳しい口調で言う。すると、子どもたちは真剣な表情でうなずきながら聞いてくれる。教師にはこういう演技力が必要だ。

いや、荒れた学校では真面目に聞かない子もいるな。そんな時、私は、

「成長する気がないなら、修学旅行に行く意味がない。行かなくていい！」

と叱りつける。

でも、叱りつけても大丈夫。子どもたちは、修学旅行に行きたいもの。修学旅行に行き

たいから、日頃なら反抗的な子も、素直に謝る。そして、いつも以上に真剣に私の話も聞く。子どもたちの「行きたい」という気持ちを利用するのだ。

修学旅行などの行事には、こういう力がある。だから、いつも以上に厳しくしても大丈夫。子どもたちにいつも以上に負荷をかけられるというのは、こういうことなのである。

修学旅行の前、修学旅行の間、私はくり返し聞く。

「修学旅行は、遊びなの？」「遊びじゃない！」

子どもたちは、声を揃えて答える。子どもたちの声が小さかったり、バラバラだったりしたら、

「そんな弱くてバラバラな言い方は、まだ、遊びだと思っている証拠です。もっと自分に言い聞かせるように、強く揃えて言いなさい」

と、ダメ出しする。そして、もちろん、やり直しをさせる。

修学旅行について話す時は、必ずこのやりとりからスタートだ。

くり返し言うことで、子どもたちも「遊び」じゃないことを自覚する。

まずは、「策略」として、子どもたちに「修学旅行で成長して帰ってくるんだ」という心構えをもたせることが大切なのだ。

子どもは「3つしか覚えられない生物」と心得よ

修学旅行が「遊び」でなければ、子どもたちは何を学んで帰ってくるのか？

まず、私は、大きな目的を次のように説明している。私が修学旅行で訪れていた山口県、北九州市の名称が出てくるので、少々わかりにくいかも知れないが、許してほしい。

「修学旅行の目的は、次の3つです。

1つ目。小学校で最高の思い出をつくるためです。思いっきり楽しんで帰ってきなさい。

2つ目。社会や理科、総合の学習をするためです。秋吉台や秋芳洞、海響館（水族館）、いのちのたび博物館では、学校にいては学習できないことを学んできます。

3つ目。団体行動を学ぶためです。せっかく集団で行くんだからね。みんなが気持ち良く過ごせるように、団体行動を学んで帰ってきてください。」

さらに、子どもたちに次のように説明する。

「修学旅行の目的は、3つありました。そのなかで、中村先生が一番大切だと思うのは、3つ目の団体行動です。

せっかくみんなで行くんだからね。みんなで過ごすなかで、団体行動の力をつけてほしいと思っています。」

こう言って、次の3つを説明し、約束させる。少々長くなるが、この本では若手に指導の実際を具体的に紹介したいと考えている。お付き合いいただきたい。

「団体行動を身につけるための約束を3つします。

1つ目は『5分前集合』です。

団体で過ごす時は、時間を守ることが大切です。たとえば、海響館で集合時刻を守らない人がいると、遊ぶ時間が減るでしょ。他の場所でも、同じだよ。食事の時間が短くなったり、見学の時間が短くなったりする。また、集まったら、おしゃべりしないことが大切です。おしゃべりしてたら、先生も話ができないからね。どんどん時間が過ぎていく。

2つ目は『班行動』です。

班のなかの誰か1人が勝手な行動をすると、他のメンバーは、その人を探すだけで時間がなくなってしまいます。必ず班でまとまって行動しなさい。
3つ目は、『公の場での過ごし方』です。
君たち150人が一斉に動くのです。君たちはいるだけで迷惑な存在だと自覚しなさい。たとえば、集まる時は、ギュッと集まって、できるだけ他の人の邪魔にならないようにします。当然、道もいっぱいになって歩きません。遠慮しながら、隅っこを歩きます。」
もちろん、この長い説明を一方的にするのではない。たとえば、「5分前集合」「班行動」「公の場での過ごし方」は、説明した時、次のように子どもたちにくり返して言わせる。
「1つ目は、5分前集合です。5分前集合、はい。」（教師）
「5分前集合。」（子どもたち全員が声を揃えて）
また、「1つ目」で「集まったら、おしゃべりしない」と説明した時には、次のように確認する。
「集まった時、おしゃべりしていいの？」（教師）
「ダメ！」（子どもたち全員）
長い説明なので、子どもたちは飽きてしまう。そこで、このように子どもを動かしながら話すことが必要になるのだ。まあ、このあたりの話は『ブラック授業づくり』を参考にしてほしい。

また、こうやって声に出して言わせること、確認することは、子どもたちに覚えさせるためでもある。

修学旅行で身につけさせたいことは、山ほどある。たとえば、あいさつ。修学旅行では、いろいろな場所でいろいろな方のお世話になる。そういう方々へのあいさつは大事だ。あいさつが下手な子どもたちなら、修学旅行を機会に鍛えてしまえばいい。教師がそう判断したなら、2つ目の「班行動」を「あいさつ」に変えても構わない。しかし、

子どもは3つしか覚えられない。
だから、大切なことは3つに絞って教える必要がある。

せっかくの修学旅行の機会である。教師は、とかく、いろんな力を子どもたちにつけたくなるものだ。

しかし、3つ以上になると覚えられなくて、なにもかもが曖昧になってしまう。そこで、プロ教師は「3つに絞る」という「策略」をとることが必要なのだ。

3つに絞った約束は、しつこく、くり返し確認する。

修学旅行の説明で集まった時、修学旅行の最中などなど、まずは、お約束として、次のようなやりとりをする。

「修学旅行は、遊びなの?」「遊びじゃない!」

集まった時は、常にこのやりとりからスタートだ。その後で、次のようにして3つの約束を確認する。

「団体行動、3つの約束。1つ目は?」「5分前集合。」

「集まった時、おしゃべりしていいの?」「ダメ。」

2つ目、3つ目を確認してから、本題の説明に入る。

このぐらいしつこくしないと、約束は徹底しない。子どもたちに徹底させようと思ったら、とにかく教師のしつこさが必要なのだ。


子どもたちに徹底させたいことは、3つに絞る。そのうえで、くり返ししつこく確認する。そして、約束を意識したうえで行動させる。

行事で子どもたちを成長させたければ、こういう「策略」が有効である。

自分たちは「いるだけで迷惑な存在」と自覚させよ

「5分前集合」「班行動」「公の場での過ごし方」、この3つの約束のなかで、私が一番大切だと思っているのはどれかおわかりだろうか？

間違いなく、「公の場での過ごし方」だ。ダントツで、これである。これだけは、譲れない。

私は、遠足、社会見学など、学校の外に出る全ての行事で、「公の場での過ごし方」を3つの約束に必ず入れている。

たとえば、電車に乗ることがあれば、一切おしゃべりはさせない。座席にも座らせない。リュックも背中ではなく、お腹の方にかけさせる。（背中に背負ったリュックが気づかないうちに当たってしまったり、邪魔になったりしないように）全て、他のお客さんの迷惑にならないための配慮である。

子どもたちには、

君たちはいるだけで迷惑な存在だと自覚しなさい

と厳しく言い聞かせている。「いるだけで迷惑」は、私の実感だ。

たとえば、私が友達や家族とレジャーに出かけたとしよう。どんな場所であれ、小学生の団体がいると、私は嫌だ。いるだけで、迷惑だと思ってしまう。

そして、その思いは、年々強くなっている。居合わせた小学生の団体がうるさいことが多いからだ。

他の観光客がいても、平気で騒ぐ。大声でしゃべるわ、走り回るわ、とにかくうるさい。まさに傍若無人な振る舞いである。

しかも、それを教師が許しているのだから、開いた口がふさがらない。教師は他の一般の人たちに迷惑をかけないように厳しく指導すべきだ。それなのに、放っておく。

教師が厳しく指導しないのだから、子どもたちは、騒いでいいと思う。そして、ますますうるさくなる。教師が「騒いでいい」と教えているのと同じだ。

言うまでもなく、

公の場で子どもたちが傍若無人な振る舞いをするのは、教師の「せい」

なのである。

もちろん、「子どもは元気なのが一番」と思う観光客もいるだろう。しかし、私のように「うるさくて迷惑だ」と感じる大人もいるのだ。

このように、いろいろな考えの人が集まるのが「公の場」である。

そんないろいろな考えをもつ人がみんな、気持ち良く過ごせるように振る舞うのが「公の場での過ごし方」なのだ。

今の子どもは、公の場での振る舞い方、マナーがなっていない。公の場で騒いでも、親が注意をしない。だから、子どもがつけあがる。

親が教えない以上、学校が教えるしかない。学校は、最後に残された教育の場なのだ。

私はこのように考えているから、「策略」として「いるだけで迷惑な存在」だと自覚させる。そして、迷惑をかけずに過ごすよう指導する。

こういう教育ができるのも、学校を離れて行う行事だからこそである。行事のなかで、子どもたちを鍛え育てることは本当に大事なのだ。

だから、「公の場での過ごし方」は、徹底する。

「修学旅行、3つ目の約束は何ですか？」（教師）

「公の場での過ごし方。」（子どもたち全員が声を揃えて）

「では、練習。公の場でできるだけ迷惑にならないように、ギュッと集まってごらん。」

子どもたちは、ギュッと真ん中に集まる。少しでもスペースがあれば、

「君たちだけの場所じゃない！」

と厳しく叱り、詰めさせる。

道の歩き方も、同じように練習させる。

「横にも縦にも広がりません。道いっぱいになるなんて、迷惑極まりない！　問題外です。」

こう言って、実際にやらせてみる。うまくできれば、褒める。できなければ、厳しく叱ってやり直しである。

こうやって、「公の場での過ごし方」を鍛えていく。

蛇足だが、伝えておきたいので、書いておく。広島平和記念公園についてである。私の勤務する岩国市は山口県の東に位置している。つまり、広島に近い。ということで、広島に社会見学で出かけることが多い。

広島では、お昼を食べるのになかなか適当な場所がない。そこで、広島平和記念公園でお昼を食べさせていただくこともある。

そんな時は、お昼の時間をできるだけ短くする。長くても20分間である。

それは、広島平和記念公園は、ワイワイと楽しむ場所ではないと考えているからだ。

「広島平和記念公園は、原爆で一瞬にしてなくなってしまった町につくられています。ここで暮らしていらした方が、ほぼ全員、一瞬で亡くなられました。広島平和記念公園全体がお墓なのです。」

子どもたちにも、こう説明している。

お墓で騒ぐ人は、いない。お墓で笑顔で写真を撮る人は、いない。

それなのに、修学旅行生たちが、大騒ぎしている。笑顔で記念撮影をしている。

子どもたちを連れて広島平和記念公園を訪れる教師は、「広島平和記念公園は、お墓だ」という意識をもって、子どもを指導してほしいと強く思っている。

子どもには「しつこさ」で勝て

３つの約束は、機会があるごとに確認する。とにかく、しつこく、くり返し確認するのだ。貫徹するには、教師のしつこさが必要だ。

６年生を担任したある年、卒業間近の３月に思い立って聞いてみた。

「修学旅行、３つの約束。１つ目は？」「５分前集合。」

驚いたことに、全員言えた。３つとも言えた。

修学旅行から10ヶ月経った後でも、子どもたちはハッキリと覚えていた。私がいかにしつこく徹底したか、よくわかるエピソードだ。

では、３つの約束を徹底しただけで、子どもたちは成長できるか？否である。

３つの約束を徹底したのは、「フリ」である。「フリ」だけでは、子どもたちは動かない。

子どもたちは成長しない。

子どもたちを動かし、成長させるために必要なのが「フォロー」である。

「フォロー」については、拙編著『学級担任に絶対必要な「フォロー」の技術』（黎明書房）で、次のようにまとめている。

「フリ」………「作文を書きなさい」「掃除を真面目にしなさい」などの教師の指導
「オチ」………がんばって取り組む子ども
「フォロー」…子どものがんばりに対する教師の対応や評価

たとえば、「5分前集合」である。子どもたちが「フリ」である「5分前集合」を意識して、動いたとしよう。見事に、「5分前集合」が成功。おしゃべりする子もいない。

それなのに、教師が褒めるという「フォロー」をしなかったら、どうだろう？　子どもたちは思うはずだ。

「せっかくがんばって5分前集合したのに、先生は褒めてもくれない。がんばって5分前集合するなんて、無駄だ。」

子どもたちが「フリ」である「5分前集合」を意識せず、動いたとしよう。当然、「5分前集合」は、失敗。集まった子どもたちも、おしゃべりを続けている。

それなのに、教師が叱るという「フォロー」をしなかったら、どうだろう？　子どもたちは思うはずだ。

「5分前集合しなかったのに、先生は叱らない。がんばって5分前集合する必要なんてないじゃん。無駄だ。」

「オチ」は、子どもたちのがんばり、子どもたちの動きである。この「オチ」をしっかり「フォロー」してやらないと、「5分前集合」なんて無駄だ、と思ってしまうのだ。

3つの約束のような「フリ」を成立させただけで、指導が済んだと思っている教師は多い。しかし、子どもを動かすのは、実は「フォロー」である。「フォロー」と言っても、そんなに難しいことではない。要は、褒めるか、叱るかだけである。

3つの約束を守った子は、褒める。守らない子は、叱る。

地味だが、こういうシンプルな「策略」こそが、大切なのである。

修学旅行はごまかしてでも褒めて終われ

３つの約束をくり返し確認する。すると、子どもたちは、約束を意識して行動する。そして、できれば、褒める。できなければ、叱る。

これをくり返せば、どんどんできるようになっていく。どんどん成長していく。

しかし、そんなに単純じゃないのが、子どもである。意識して行動しても、できないことも多い。「わかっちゃいるけど、やめられない」敬愛する故・植木等氏の名言だ。人間の本質をよく表している。

この名言通り、３つの約束がわかっていても、なかなか守れないのが子どもである。

ある年も、１日目の最後の見学地である海響館で、「５分前集合」も「班行動」も守れなかった。もちろん、全員が守れないわけではない。守れないのは、ほんの少数だ。それ

でも、全員ができていなければ、ダメ。

『ブラック授業づくり』では、「言うまでもなく、授業はクラス全員に力をつけるために行われる」と力説した。当然、私は修学旅行でも、全員に力をつけることにこだわる。

そこで、私は、次のように言った。

「明日、最初に行く『いのちのたび博物館』がラストチャンスです。ここで、『5分前集合』も『班行動』もできないなら、君たちのことはあきらめます。最後の『スペースワールド』（遊園地）では、150人全員で動くことにする。たとえば、『タイタン』（ジェットコースター）の前に全員で行くよね。乗りたい人だけ乗って、後の人は体育座りで待ちます。それなら、集合時刻に遅れる人も、班行動しない人も出ないからね。」

厳しい口調、厳しい表情で言う。さらに、

「君たちは知っていると思うけど、中村先生は、やると言ったらやるからね。せっかく修学旅行にきても、成長する気がないなら、意味がない。いい加減、成長しなさい！」

とつけ加えることも忘れない。子どもたちは「ヤバい」という表情になる。

次の日、最初に訪れる「いのちのたび博物館」では、「5分前集合」も「班行動」も必ず成功する。次の「スペースワールド」は、子どもたちが一番楽しみにしている場所だ。

その場所で「班行動」を確保するために、子どもたちも必死である。

それと共に、実は、もう1つ理由がある。「いのちのたび博物館」は、子どもたちに人気のない場所なのだ。だから、子どもたちは早めに出て、集合場所にくる。

こんな理由が重なって、「いのちのたび博物館」では、必ず「5分前集合」も「班行動」も成功する。

「君たち、すごいね！　最初はできなかった3つの約束が全部できるようになった。修学旅行のなかで確実に成長してるね。大きく成長した自分たちに拍手〜！」

褒める。とにかく褒めちぎる。子どもたちも、とっても嬉しそうだ。そして、とっても誇らしげだ。

「せっかく成長したんだから、最後まで続けるんだよ。スペースワールドは、班行動でOK！　でも、必ず3つの約束は守るんだよ。」

子どもたちは、最後のスペースワールドでも、3つの約束を守れることが多い。

「最初できなかった3つの約束が守れるようになった！　修学旅行で君たちは大きく成長したね。学校に帰っても、成長したことは続けるんだよ。修学旅行にきて良かった。成長した自分たちに拍手〜！」

こうやって、オーバーなぐらいに褒めて終わるのがいい。

ちなみに、最後のスペースワールドでも、「わかっちゃいるけど、やめられない」子がいる。その場合は、どうするか？　誤魔化すのである。一部のできなかった子を目立たせて失敗した感じで終わらせるより、全体としてできた感じで褒めて終わる方がいい。

たとえば、１分遅れてきた子がいたとしても、私の時計ではギリギリセーフということにしてしまう。多少班からはぐれた子がいても、「みんなで一生懸命探していたから、班行動は一応できたことにしてあげよう」と言っておく。

とにかく全体的に、自分たちはできた、成長したという雰囲気にしてしまうのだ。

修学旅行の最後は褒めて終わるという「策略」がいい。

また、修学旅行の最後は褒めて終われるように「策略」を巡らせる必要がある。

これは、修学旅行に限らない。

全ての行事で、最後は褒めて終わろう。
また、最後に褒めるというゴールに向かって、「策略」を巡らせよう。

そうすれば、行事を通して、子どもたちは自信をつける。そして、大きく成長する。

修学旅行最後には臭く「感謝の心」を語れ

修学旅行の最後は褒めて終わるという「策略」がいい。こう書いた。しかし、実は、最後には続きがある。

それは、「感謝の心」をもたせるということだ。私がいろいろな行事を通して、一番子どもたちを成長させたいのは、「感謝の心」をもつということだと思う。

大人でも、たとえば、結婚式という行事がある。その時、花嫁が読む両親に向けた手紙なんて、典型だ。日頃は、親への感謝なんて、なかなか口にできない。

私が「お母さん、産んでくれて、ありがとう」と、母・なつ枝に言ったら、どうだろう。

「健一、大丈夫？　どこか悪いの？　もうすぐ死ぬの？」と本気で心配するに違いない。

しかし、結婚式なら、別だ。「感謝の言葉」を口にしても大丈夫。非日常である行事は、

「感謝の心」をもつ絶好の機会なのである。

修学旅行で成長したことをしっかり褒める。とにかく褒める。成長したという実感で行事を終えることは、本当に大切だ。明日からの学校生活や次の行事につながるからである。

成長を褒めた後で、次のように聞く。

「君たちは、修学旅行で大きく成長しました。でも、君たちは、自分一人の力で成長できたの？」

こう聞くと、子どもたちは、首を横に振る。行事の時の子どもたちは、素直である。

「ここにいる先生方のお陰だよね。また、添乗員さんやカメラマンさん、バスガイドさん、運転手さんのお陰だよね。この方々が、みんなの修学旅行を、成長を支えてくださったんだよ。これを当たり前だと思ったら、ダメだ。有り難い、ありがとうと感謝の心をもちなさい。」

プンプン臭ってきそうな台詞である。ハッキリ言って、臭い。私も日常なら、こんな臭い台詞は言わない。しかし、行事は、非日常。だから、私も、こんな臭い台詞が言える。そして、子どもたちも、こんな臭い台詞を受け入れる。

引率の教師、添乗員さん、カメラマンさん、バスガイドさん、運転手さん、全員に前に出ていただく。そして、子どもたちは、全力の声と全力の拍手で感謝を伝える。

さらに、次のように言う。

「君たちが修学旅行で成長できたのは、お母さん、お父さんのお陰が一番です。2万円という大金を払って、君たちを修学旅行にこさせてくださった。2万円稼ぐのは、大変だよ。でも、君たちがかわいいから、最高の思い出をつくらせたくて出してくださったんだ。家に帰ったら、『修学旅行に行かせてくれて、ありがとう。お陰で楽しかったです』って、言うんだよ。そして、たくさん修学旅行の話をしてあげてね。それが、お母さん、お父さんは、一番嬉しいはずだよ。」

さらにプンプン臭ってきそうな台詞である。ハッキリ言って、臭い。しかし、行事は、非日常。だから、私も、こんな臭い台詞が言える。そして、子どもたちも、こんな臭い台詞を受け入れる。


こんな臭い台詞を言えるチャンスは、行事でしかない。

だから、行事では、臭い台詞で「感謝の心」をもたせよう。


こんな「策略」が実行できるのも、行事ならではである。

社会見学では「仕事の邪魔をするな」とまず、どなれ

社会見学などで、工場や店に行くことがある。

もちろん、子どもたちに工場や店を見学させることで、宣伝になる。企業側にも、メリットのある話だ。だから、小学生の見学を受け入れてくださるのだ。

しかし、こんな大人の事情を小学生に伝える必要はない。

「無理に引き受けてくださった」「小学生の見学を引き受けてくださるなんて、有り難いことだ」というストーリーに乗せてしまう。その方が、指導が楽だ。

まず、お仕事をする場所に行くことを強く意識させる。

たとえば、社会見学について説明するために学年全員が集まった時である。最初に、次

のように説明して、聞く。

「今回見学させていただく自動車工場は、工場で働く人たちがお仕事をされる場所です。お仕事する場所に君たち小学生がお邪魔するなんて、当たり前なの？」

「当たり前じゃない！」

教えなくても、子どもたちは声を揃えて言う。

「そうです。当たり前じゃないよね。お仕事場に小学生がくるなんて、迷惑だ。先生だって、この仕事場に小学生が見学にきたら、迷惑だって思うよ。だって、仕事の邪魔になるもん。誰だって、仕事に集中したいはずだよ。」

私は「迷惑」という言葉をよく使う。今時の子どもたちは、「迷惑」をかけるという感覚がない。29ページにも書いたが、子どもは何をしても許されると思っている節がある。

そういう子どもたちに「自分たちは迷惑な存在なんだ」と、まずは、自覚させることが本当に大切なのだ。

「それなのに、君たちの勉強になるからって、特別に引き受けてくださったんだからね。その思いに応えて、しっかり見学して勉強してくるんだよ。」

「はい！」

「それと、お仕事の邪魔をすることは、絶対に許されない。お仕事場で、おしゃべりしていいの?」

「ダメ!」

「『小学生がきて、うるさかったせいで、仕事が進まなかった』なんてことには、絶対にならないように気をつけなさい。」

「はい!」

「また、案内してくださる方から、『こんなことはしないでね』って最初に説明があると思います。その説明をよく聞いて、絶対にお仕事の邪魔をしないようにしなさい。」

「はい!」

こんな話をしてから見学に行けば、子どもたちは仕事の邪魔にならないように気をつける。ピクニック気分で見学に行って、ワイワイガヤガヤと騒ぐようなことはない。迷惑をかけるようなこともない。ワイワイガヤガヤと騒ぐ子や迷惑をかける子を注意する教師の声なんて、さらに迷惑極まりない。本当にお仕事の邪魔だと思う。

子どもたちが迷惑をかけそうなことは、先に予測して指導しておく。注意せずに済むように、先手を打っておくのがプロ教師の「策略」なのだ。

第2章

体育主任必読…運動会

子どもを育てる

「**策略**」

運動会でがんばってさえおけば 体育主任の株が上がる

私は長い間、体育主任をやっていた。運動会の全校練習を仕切るのは、もちろん、体育主任である私の仕事だ。

全校練習では、最初に開会式と閉会式の練習をすることが多かった。そこで、まずは、

「今から、開会式と閉会式の練習をします。開閉会式は、運動会の最初と最後に行われる大事な式です。開閉会式は、お母さん、お父さん、地域の方などたくさんの方が注目するからね。立派な姿で、○○小は素晴らしい学校だというところを見せつけてね。」

こんな話をして、簡単なストーリーをつくる。そして、3つの約束をする。「気をつけ」「礼」「大きな声」である。

もちろん、この約束は、年によって変わることもある。ある年は、1年生が大いに荒れ

ていた。教室ではおしゃべりが止まらない。

そこで、仕方なく「しゃべらない」「気をつけ」「礼」にした。いずれにせよ、

子どもが確実に覚えられるのは、3つだけだと思った方がいい。


この3つの約束は、毎時間の全校練習の最初に、必ず確認する。

「全員、起立。運動会、開閉会式の約束3つ。隣の人に言えたら、座りなさい。」

3つとも言えた子は、座る。そこで私は、次のように言う。

「座っている人は、よく覚えていたね。では、座っている賢い人、立っている人に教えてあげて。1つ目は？」

「気をつけ！」

座っている子たちは、得意げに大きな声で言う。このように、

子どもたちのプライドを上手くくすぐりながら、徹底していくのだ。

3つの約束を確認して、次のように言う。

「立っている人も、さすがに思い出したよね。隣の人に3つ言えたら、座りなさい。」

全員が座ったところで、もう一度確認する。

「1つ目は、何ですか?」「気をつけ!」

「2つ目は?」「礼!」「3つ目は?」「大きな声!」

私の指導は、とにかくしつこい。しかし、子どもたちに徹底するためには、教師のしつこさが必要なのだ。

3つの約束をしたら、それで終わりというわけではない。

具体的にどうすればいいのか?を教えていく。そのためには、教師が「こうすればいいんだ」という明確な答えをもつことが必要だ。

1つ目の「気をつけ」から教えていく。

まずは、足。かかとをつけて、足先を45度広げる。

次に、手。手は、足の横につける。また、指先までエネルギーを送って、しっかり伸ばす。

そして、背筋。背が一番高くなるように、背筋をピンッと伸ばす。

さらに、目線。目線は絶対に下げない。ななめ45度上を見る。

「気をつけ」の型を教えたところで、いったん全員を座らせる。そして、次のように言う。

「この学校の子どもたちのなかで一番偉いのは誰ですか？　そうです。6年生です。この学校の6年生はすごいから、とってもきれいな『気をつけ』を見せてくれるからね。1～5年生は、6年生の方へおへそを向けてごらん。では、いくよ。6年生、起立！」

1～5年生に見られている6年生は手を抜くわけにはいかない。全力の「気をつけ」を見せてくれる。そして、6年生の姿を見せながら、「気をつけ」のポイントを確認する。

「見てごらん、素晴らしい『気をつけ』でしょ。足はかかとをつけて、足先を45度開いている。手は横につけて、ピシッと伸びているでしょ。背筋はピンッと伸びて、背が高いよね。そして、みんな目線が下がっていないから、堂々として見える。この学校の6年生はすごいよね！　素晴らしい『気をつけ』ができる6年生に拍手～！」

1～5年生に拍手をもらった6年生は、とっても誇らしげだ。

「6年生、すごいよね。美しい『気をつけ』をしたまま、ピクリともしない。さすが6年生！　これに、5年生が続けると、すごいよね。では、いくよ。5年生、起立！」

5年生もがんばって6年生に続くものだ。5年生も褒め、拍手を贈る。

「これに4年生も続けると、すごいよね。でも、さすがに4年生は無理かな？　では、やってみるよ。4年生、起立！」

こうやって、4年生、3年生、2年生、1年生と立たせて、「気をつけ」させていく。

「まさか1年生まで、こんなにきれいな『気をつけ』ができるとは思わなかった。この学校は、本当にすごいね。すごすぎる自分たちに拍手〜！」

子どもたちは、得意げな表情で嬉しそうに拍手する。

2つ目は、「礼」である。

「朝礼台に上がった人たちが礼をしたら、君たちも礼をします。たった、これだけの約束だから、守れるよね。では、いくよ。」

私が朝礼台に上がって、礼をする。それに合わせて、子どもたちも礼をする。

「礼ができた人、座る。」

これは全員座れることが多い。そこで、次のように言う。

「1回教えただけで、全員ができるとは思わなかった！　本当に君たちはすごいね！すごすぎる自分たちに拍手〜！」

子どもたちは得意げな表情で嬉しそうに拍手をする。

「でもね。ちょっとだけ礼が下手かな。礼は、頭を下げたら、1拍止めます。じゃあ、6年生にお手本を見せてもらうね。6年生、起立！　おおっ！　さすが！　完璧な『気をつけ』だ。では、礼のお手本も見せてね。礼！　倒す、止める、起こす。今度は、先生は何も言わないから、揃えてね。礼！　ほら、6年生は礼もきれいだよね。素晴らしいお手本を見せてくれた6年生に拍手～！　では、全校でするよ。全員、起立！」

こうやって、6年生を最高学年として活躍させながら、全校に教えていく。

運動会を通して、6年生を最高学年に育てるために大切な「策略」だ。

3つ目は、「大きな声」である。

運動会なので、とにかく全力で大声を出すように言う。また、全校で声を揃えるように練習する。

最初は「お願いします」の声一つ揃わないことが多い。そこで、1年生に合わせさせる。

「2～6年生は、お兄さん、お姉さんだから、1年生のスピードに合わせてあげられるよね。では、1年生、『お願いします』って言ってみて。せーの。じゃあ、このスピードに合わせて、全校で言うよ。せーの。」

こうすれば、全校の声を1つに揃えることができる。

全校練習のたびに、最初は3つの約束を言わせる。そして、1つの約束を言うたびにポイントを確認し、練習する。

それが終わってから、開会式や閉会式の流れの練習をする。その練習中も、3つの約束ができているかどうか、チェックし続ける。

できていれば、褒める。できていなければ、叱ってやり直し。

これをひたすら、くり返す。

このぐらいシンプルにすると、子どもたちに徹底する。

全校がピシッと「気をつけ」すると、驚くほど美しい。全校が一斉に揃えて「礼」をすると、美しい。全校で「大きな声」を出すと、運動会が盛り上がる。

こうやってシンプルに練習を続けていくことが立派な開閉会式を行うための「策略」なのだ。また、こうやって全校練習で子どもたちを鍛え育てていくのが、体育主任の仕事なのである。

運動場には一番最初に出《い》でよ

私は長い間、体育主任として、全校練習を仕切ってきた。そんな私が全校練習で一番気をつけているのは、

私が一番最初に運動場に出て、朝礼台の上に立っておく

ことだ。

朝礼台の上に立って、全校練習に出てきた子どもたちの様子を見る。そして、黙って体育座りをしている子を褒める。おしゃべりしたり走り回ったりしている子を叱る。

そうすると、先に出てきた子どもたちが、黙ってピシッと体育座りをしている状態がで

きあがる。

そうなれば、しめたもの。子どもはムードに従うものだ。友達とおしゃべりしながら出てきた子どもたちもピシッとした空気に呑まれ、黙ってしまう。

全校練習をスムーズに始めるためには、私が空気を支配し、全校児童を黙らせることが必要なのだ。

ずっとおしゃべりが続いていては、私が話すことすらできない。逆に、ピシッとした空気ができ、おしゃべりする子がいなければ、すぐに始めることができる。

私の全校練習は、いつもチャイムと同時に始まっていた。

たとえば、1000人の学校で全校練習したこともあった。各学年5クラス程度。全校で30クラスもあったことになる。しかも、学級崩壊しているクラスが多かった。

それなのに、他の教師たちも協力してくれて、遅れるクラスは1つもなかった。まあ、私が怖い存在だったからかも知れないが（笑）。

また、終わりも肝心である。私の全校練習は、いつもチャイム前に終わっていた。だから、他の教師も、開始時刻を守ってくれていたのだろう。

私が終了時刻を守らなければ、「開始時刻には、あれだけうるさいのに、終了時刻は守らない」と苦情が出たかも知れない。そして、開始時刻を守る協力もしてくれなかったかも知れない。

全校練習といえども、他の授業と同じ。開始時刻と終了時刻を守ることが大切なのだ。

もちろん、これは他の行事でも同じである。絶対に開始時刻、終了時刻を守るべきだ。

そうしないと、次の授業に支障をきたす。すると、後の予定が変わってしまい、大きな迷惑をかけてしまう。

また、子どもたちへの悪影響も心配だ。たとえば、子どもたちが中心になって行う集会などの行事である。教師が行事で時間を延ばすと、子どもたちまで、「行事だから、少々長引いても構わない」なんて思いをもつ心配がある。そうなると、時間を意識した運営はしなくなり、ダラダラと時間を延ばすようになってしまうだろう。

行事は、「特別」である。その「特別」感は、子どもたちのがんばりにつながるものにしなければならない。子どもたちを「楽」に流す「特別」感は、百害あって一利なしだ。

多少すっとばしても、遅れてお弁当の「恨み」をかわぬが吉

「時間を守る」ということで、思い出した話がある。もう、15年以上前の話だ。

私と同学年の教師は、小学生の男の子2人のお母さんだった。しかし、自分の勤務校と息子の小学校の運動会は、同じ日。とってもかわいそうな話だが、教師という職業を選んだ以上、仕方のないことではある。

それでも、息子をかわいそうだと思ったのだろう。彼女はお昼ご飯の時間（12時から13時）だけ年休を取って、息子の運動会に駆けつけた。

しか〜し！……である。彼女が駆けつけた時には、お昼ご飯の時間はすでに終わってしまっていた。早くも午後の競技が始まってしまっていたのだ。

聞いてみると、午前中のプログラムが順調に進み過ぎて、10時30分にはお昼ご飯の時間

になってしまったそう。もちろん、彼女はお怒りだった。

私はこの話を聞いて、「シロウト以下だ」と思った。そして、彼女も息子さんもかわいそうだと心から同情した。

彼女は、良識のある人だ。また、同じ教師なのだから、息子たちが通う学校に対して批判的になることはなかった。しかし、他の保護者はどうだろう？　予定より1時間30分も早いお昼ご飯なんて、「時間の管理もできない学校なのか!?」と思われるに違いない。そして、間違いなく学校に対する不信につながる。同学年の彼女のように、お昼に合わせてこられる保護者もいるのだ。順調に進めばいいという話ではない。

では、私はどうしているか？

午前中のプログラムは、正午（12時）より10分早く終わるように、分刻みで計画を立てている。

まずは、競技に必要なだいたいの時間を担当に聞いて回る。そして、何時何分までにこのプログラムが終了、何時何分までにこのプログラムが終了、……と確実に12時10分前（11時50分）に午前中のプログラムが終わるように計画する。

もちろん、時間通りに進まないこともある。そんな時は、出入りのタイミングを早くしたり遅くしたり。個人走でピストルを撃つタイミングを早くしたり遅くしたり。他の職員と協力して、時間通りになるように修正する。

運動会のお昼ご飯を子どもたちは楽しみにしている。保護者も楽しみにしている。運動会のメインの時間だと言ってもオーバーではないだろう。そこで、私は予定の12時より、必ず10分前にお昼ご飯の時間になるよう段取りをしていたのだ。

予定より10分早いお昼ご飯である。そして、予定より10分長いお昼ご飯である。子どもも保護者も嬉しいに違いない。

ちなみに、午後のプログラムは、細かい時間の段取りはしていない。午後はスピーディーに競技を行い、できるだけ早く終わるのがいい。

子どもも保護者も疲れている。だから、早く帰りたがっている。

子どもや保護者の気持ちを予測し、その希望に合った運営ができるのがプロである。

いずれにせよ、食べ物の恨みは怖い。運動会のお弁当の時間を必ず守るための「策略」が必要だ。

教師の仕事は気楽！　褒めるだけ

私が体育主任として、同僚にお願いしていたことがある。

私が全体指導をします。だから、個別のフォロー（評価）をお願いします。
特に、名前を呼んで褒めることを中心にしてください。

たとえば、私が「気をつけ」の指導をした後である。

私の言うポイントを守っている子を、他の教師に、

「○○くん、カッコイイ『気をつけ』ができている。中村先生に言われたことが、全部きちんとできているね！」

「○○さんの背筋は、ピンッと伸びていて、キレイだね」

と褒めてほしいのだ。
そうすれば、他の子も褒められたくてがんばる。子どもって、単純だ。チョロい。
それなのに、同僚はやらない。そんなに子どもを褒めるのが嫌なのか？

褒めるのが苦手な人間は、教師に向かない。褒めずに子どもが動くものか。

『ブラック学級づくり』に書いた中村の名言を思い出してほしい。

リスク0、しかも、コストも0の「褒める」という武器はどんどん使うに限る。使わないのは、もったいない。

褒めるのが苦手な人も、プロとして教師をやっている以上、関係ない。子どもを動かすために、褒めなければならないのだ。開閉会式を成功させるために、褒めなければならないのだ。
それでも、個別評価して褒めてくれる同僚は少なかった。
仕方ないので、個別評価も私が担当することが多かった。たとえば、朝礼台の上で「気をつけ」の全体指導をする。その後で、朝礼台から降りて、「気をつけ」がきれいな子を褒めて回る。

体操服に書いてある名前を見て、「〇〇さんの『気をつけ』、カッコイイね！　特に指先がピシッと伸びているのが最高だ！」などと褒めて回るのである。

特に、低学年、1年生の子には有効だ。

「〇〇くん、キレイ！」「〇〇さん、最高！」

と頭をなでながら回るだけでよい。そうすれば、集中力のない1年生でもがんばれる。

それなのに、他の教師は褒めない。

たとえば、50人もの教師がいる時があった。その場合、1人が30回褒めれば、1500人の子が褒められる。1000人の児童だったので、単純計算で、1人あたり1.5回褒めることができるのだ。

全校練習を成功させるためには、その場にいる教師全てが個別に褒めて回る

という「策略」が有効だ。私は実現できなかったが、若手にはぜひ実行してほしい。

子どもの「優越感」をくすぐりまくれ

全校練習で個人の名前を出して褒めるのは、限界がある。そこで、私は、学年を褒めていた。もちろん、

「君たち○○小学校は、すごい学校だね！」

と、全校を褒める時もある。子どもたちは、嬉しそうだ。しかし、

「○年生、すごい！」

と、学年を褒める方が有効だ。褒められた学年は、全校を褒められた時より、さらに嬉しそうにする。やはり、特別感、優越感があるからだろう。

子どもたちの優越感も上手く利用するのが、プロ教師である。

たとえば、ある年は、「君たちは、史上最強の2年生だ！」と褒めた。

この2年生は、非常に荒れた学年だった。だから、意識して褒めた。荒れていても、子どもは子どもである。褒められた2年生は、とっても嬉しそうだった。そして、荒れている学年だとは思えないほど、がんばった。

この学校で、私は一番、厳しい先生だと思われていた。その厳しい中村先生から褒められたのだ。認められたのだ。優越感は、さらに増したことだろう。

この子たちが5年生になった時、私が担任した。多くの教師を困らせまくった子どもたちだ。しかし、私に好印象をもっている子が多いのに驚かされた。

この子たちとの接点は、全校練習だけ。それでも、全校練習で褒められたイメージが残っているのだろう。

褒めるという「策略」は、長く効き続けるのだ。

だから、とにかく子どもを褒めることが大切だ。

全校練習の最後に、ピシッとした「気をつけ」をさせる。

疲れた時にがんばれるのが、本物だ。

これは、私の口癖。子どもを追い込んで鍛えるのが、私は大好きだ。多少、Ｓの気があるのを私は自覚している。

この時、「本日のＭＶＰ」を発表する。

「今日の全校練習で目立って素晴らしかった本日のＭＶＰは、（口でドラムロールの真似をする）……２年生！」

発表すると、歓声があがる。

「では、２年生から帰ります。怪我するから、走ってはダメ。ＭＶＰなんだから、当然、黙って上手に帰れるよね。帰り方も全校のお手本になってね。」

２年生の子どもたちは、得意げだ。胸を張って、走らず黙って、上手に帰っていく。

こうやって、子どもたちのプライドをくすぐりながら、練習を進めていくのだ。

さらに、準MVPを発表して帰らせる。準MVPの学年もとっても嬉しそうにする。

残りの学年の子たちには、

「明日はMVPに選ばれて早く帰れるようにがんばってね」

と言って、帰らせる。

MVP、準MVPは、いろいろなことを考え、「策略」として決める。できるだけ全ての学年が選ばれるように考える。ただ、原則、荒れている学年が優先である。また、下の学年が優先である。5、6年生は、めったに選ばない。
5、6年生は、91ページから紹介している閉会式後の指導で褒めるまでとっておくことが多いかな。こうしてみると、私は、

閉会式後の最後の最後。5、6年生を褒めるというゴールが見えたうえで、全校練習を進めている

のだと思う。

ゴールを設定し、そこに向けて「策略」を巡らすのがプロなのである。

児童代表者には「学校の顔」とプレッシャーをかけよ

私は体育主任を長くやってきた。開閉会式で役のある子を指導するのも、もちろん、体育主任である私の仕事だ。

まずは、役のある子たちを集めて、次のように言う。

「君たちは、学校の代表です。運動会には、２０００人を越える方が見にこられます。その人たちは、前に出ている代表の君たちでこの学校を判断します。君たちが素晴らしければ、良い学校だと思うでしょう。逆に、君たちがだらしなければ、悪い学校だと思います。君たちは、この学校の顔として、代表として、立派に振る舞いなさい。」

「横並び」が好きな方がいらっしゃる。こういう私の物言いに反感をもつ方もいらっしゃるだろう。しかし、私はリーダーを育てることは、大事だと思っている。そして、運動会は、リーダーを育てる絶好の機会だと思っている。さらに、次のようにも話す。

「君たちのお母さん、お父さんも見にこられるでしょう。自分の子が代表だったら、やっぱり親は嬉しいものだよ。立派な姿を見せて、お母さん、お父さんを喜ばせてあげようね。それが親孝行になるからね。」

日頃の授業のなかで、「親孝行しなさい」なんて、面と向かって言う機会は少ない。しかし、運動会などの行事は、非日常。非日常の行事では、こういう臭いことが言える。

それでも、「立派に振る舞いなさい」と言うだけでは、ダメ。子どもたちは立派には振る舞えない。どうすれば、立派に見えるのか？　明示してあげることが必要だ。

まず、1つ目は、「気をつけ」。具体的な指導は、全校練習と同じである。ただ、次のように言う。

「代表は、全校の前に立ちます。ずっと誰かに見られています。一瞬も気を抜くことは許されません。」

開閉会式と同じ程度の10分間、「気をつけ」を続ける特訓をしたこともある。

体罰では？とお叱りを受けるかも知れない。しかし、代表に選ばれた子たちは、誇りをもって、このぐらいはがんばってくれる。

私がこだわっている2つ目は、動きである。次のことを徹底する。

2つのことを同時にしない。
そのためにも、1つ動いたら、「気をつけ」で1拍入れる。

たとえば、「児童代表あいさつ」である。「児童代表あいさつ」と呼ばれたら、担当の子は、「気をつけ」の姿勢から腕を挙げて走るポーズをする。腕を挙げたら、足と目線で「気をつけ」を表現して1拍取る。そして、回れ右をして、1拍。走って、方向を変える所までできたら、止まって1拍。向きを変えて、1拍。……

このように、1つ動いた後は、必ず「気をつけ」で1拍入れさせる。この1拍がきちんと入ると、動きは驚くほどキレイになる。

しかし、人間、緊張すると、動きが速くなってしまうものだ。そこで、あえて、ゆっくり目に練習させる。すると、本番はちょうどいい速さになる。

たまに緊張しない強者もいる。しかし、それでも大丈夫。速く動きすぎるよりは、多少ゆっくりすぎる方が落ち着いて見える。堂々として見える。

本番どうなるか、も計算して指導できるのがプロの「策略」である。

応援団は「名誉職」とおだてろ

私が勤務してきた多くの学校では、5、6年生が運動会の係を担当している。つまり、5、6年生は、運営側。ただの参加者ではなく、運動会をつくる側なのだ。

私が毎年最初に決めるのは、児童係。児童係は、応援団のことである。

係を決める時、担任している学年（5年担任なら5年生、6年担任なら6年生）全員を集めて、次のように言う。

「君たちは、何年生ですか？」

「5年生！（または、6年生）」

「5年生は、高学年。今年からは運動会をつくる側です。自分たちの力で運動会を成功させたいと思っている人？」

こう聞くと、間違いなく全員が手を挙げる。

「運動会を成功させるために、5年生からは、いろいろな係を担当してもらいます。どれも運動会に必要で大切な係です。責任もってがんばってください。」

初めて係活動を担当する子どもたちは、張り切っているものである。子どもちは、「はい！」と力強く返事をする。

「そんな大切な係のなかで、一番最初に決める係は、児童係。つまり、応援団です。応援団は、オーディションで決めます。本気で運動会を成功させたいと思っているなら、応援団に立候補しなさい。想像したら、わかるよね。誰も立候補者がいなくて、ジャンケンで負けた人が嫌々応援団をする。そんな運動会、最悪だ。盛り上がるはずがない。」

応援団は、昼休みや放課後に練習がある。とっても大変な係だ。だからといって、やりたい子が出ないような運動会は最悪だ。

だから、この言葉通り、私は応援団は必ずオーディションで決める。多数の立候補者から勝ち取った人間が応援団をするような運動会でないと、絶対に成功しない。

立候補者が出るように、かなり熱く語る。でも、熱く語っても、大丈夫。はりきっている子どもたちは、真剣な表情でうなずきながら聞いてくれる。行事のもつ力である。

「本気で運動会を盛り上げる気がある人は、応援団に立候補するはずです。明日の昼休み、体育館で応援団のオーディションを行います。たくさんの人がきてくれると、信じています。」

こんな話をすると、子どもたちは、応援団にたくさん立候補してくれる。

オーディションは、応援を1つ教えて演じさせる。そして、声の大きさと動きで合否を判定する。

ちなみに、オーディションは学年の教師全員で行う。1人の教師が決めて、

「なんでウチの子は、応援団になれなかったんですか」

なんて苦情をもらわないようにするためだ。

学年の教師全員は無理でも、少なくとも複数で判定することが必要である。

もちろん、全員が合格するわけではない。しかし、落ちてしまった子の

「本気で運動会を盛り上げよう！」

という気持ちは嬉しいもの。その教師の嬉しい気持ちは、しっかり伝える。また、感謝を伝え、しっかり褒める。こういうフォローは丁寧に行うべきである。

応援団は、昼休みも放課後も練習することが多い。そのがんばりは、全校の前でしっか

り褒める。

たとえば、全校練習で応援合戦の練習をする前だ。私は、全校の子どもたちに、次のような話をする。

「突然ですが、クイズです。中村先生が学校で一番楽しみにしている時間はどれでしょう？　1番、授業。2番、給食。3番、昼休み。」

全校の子どもたちに、指で番号を出させる。

「正解は、……3番です。中村先生は、昼休みに遊ぶのが、大好きだからね。毎日昼休みに遊ぶのを楽しみに学校にきています。中村先生と一緒で、昼休みに遊ぶのが楽しみな人？」

私の手を挙げる仕草に促されて、多くの子が手を挙げる。

「でもね。この1ヶ月、9月に入って、ずっと昼休みがなかった人たちがいます。誰だか、わかる？……応援団、起立！」

こう言って、応援団を立たせる。

「今立っている応援団の人たちは、この1ヶ月間、ず～っと昼休みがありませんでした。応援団の人たちだって、遊びたいはずだよ。でもね、運動会を盛り上げて成功させようって、昼休みに遊びたいのをず〜っと我慢して、応援を考えたり練習したりしてくれていたんだ。1ヶ月もの長い間ず〜っと、みんなのためにがんばり続けてくれた応援団に拍手〜！」

大きな大きな拍手が鳴り響く。応援団の子どもたちは、とっても誇らしげな表情だ。

「君たちは、1ヶ月の間、昼休みに遊びたいだけ遊んできました。そんな君たちが応援団のがんばりに応えるためにできることはなんですか？」

当然、「全力で応援すること」が答え。1年生でも答えられる。

「今から15分間、応援の練習をします。このわずか15分ぐらい全力で応援して協力しないと、1ヶ月間がんばり続けた応援団に申しわけなさすぎです。全力の声、全力の動きで応援団に協力しなさい。」

こう言って応援練習をすると、子どもたちは全力の大きな声、大きな動きで応えてくれる。

運動会の後日、反省会が行われる。この反省会で、係活動は終了である。

その時、体育主任の私は、児童係にだけジュースの差し入れをしたこともある。応援団のがんばりに感謝を伝え、みんなで乾杯をするのだ。

児童係は、他の係と違って、昼休みも放課後も練習を続けてきた。反対の人もいるだろうが、ジュースを飲むぐらいのご褒美はあってもいいと思う。

もちろん、他の係には内緒。他の人に言わないように約束する。

しかし、こういう話は漏れるものだ。「児童係になれば、ジュースで乾杯ができるらしい」こんな噂がひそかに広まる。そうすると、子どもたちは、ますます児童係に立候補するようになる。

昼休みも放課後も、練習をし続けるのは大変だ。しかし、その大変さよりも、たった一杯のジュースを選んでしまう子がいるのだ。

子どもを釣るには、飲み物や食べ物のエサが有効である。

こんな「策略」が効いているからか、私の学校では応援団になりたいと思ってくれる子がたくさんいる。有り難いことである。

選手リレーでは「やんちゃ君」を手なずけろ

私の勤務する学校では、紅白選手リレーが行われている。各クラスから選ばれたリレー選手たちが、1年生から6年生までバトンをつないでいくのだ。

リレーの練習は、選手を昼休みに集めて行うことが多い。そんな時、私がリレー選手に最初に伝えていることがある。

足が速いだけのリレー選手はいらない。
全校の代表にふさわしいカッコイイ姿を見せなさい。

ということだ。たとえば、次のような話をする。

「君たちは、学校全体の代表です。カッコイイ代表でありなさい。カッコ悪い代表はいらない。悪いけど、クビ。まずは、態度。座って待つ態度もリレー選手らしくカッコよくありなさい。」

子どもたちは、リレー選手になりたいものである。クビになっては、たまらない。一生懸命きれいな体育座りをしようと、背筋を伸ばす。

リレー選手には、なぜか「やんちゃ君」が多い。「やんちゃ君」たちだって、リレー選手になりたいもの。クビになってはたまらないと一生懸命姿勢を良くする。

リレーは、「やんちゃ君」たちをしめる、絶好の機会なのだ。

「やんちゃ君」が多く集まっているのだから、最初の集まりの時、ザワザワと騒いでいる時もある。

そんな時は、チャンス到来。

「黙りなさい！　集まって騒ぐようなリレー選手は、いらない。全校の代表として恥ずかしいから、補欠と交代しなさい。」

丁寧な物言いで書いてしまった。実際は、もっと雑だ。そして、迫力をもって、怒鳴りつける。

怒鳴っても、大丈夫。だって、彼ら彼女らは、リレー選手になりたいのだから。

「また、バトン渡しも上手じゃないと、困る。スピードを落とさずにバトンが渡せるように練習しなさい。」

たまに他の学校で運動会を見る機会がある。そんな時、リレー選手のバトン渡しが下手だと、この学校の体育の授業は大丈夫なのかと心配になる。

バトン渡し1つとっても、教師がこだわりをもって指導することが大事なのだ。

ちなみに、私がリレー選手に指導するのは、次の4つ。
・バトンは、右手で受け取って、左手で渡す。
・バトンを渡す人は、渡す相手が全力で走り出しても追いつけるぐらいの距離で「はい」と言う。
・バトンをもらう人は、渡す人の方を見て待つ。「はい」と言われたら、右手を後ろに出したまま全力で前を見て走る。絶対に後ろは見ない。

・ただし、バトンゾーンのなかで渡せるようにする。

とにかくスピードを落とさずにバトン渡しができるように練習させる。

まあ、1、2年生は、上手くできなくても、仕方ないかな。だって、授業で教えてもらってないのだから。だから、正直に言えば、私は1、2年生をリレーに参加させることには反対だ。授業でバトン渡しを教えている3年生以上でいい。

スピードを落とさずにバトン渡しができるようになると、驚くほどカッコイイ。また、バトン渡しの上手さで、勝負が決まる時もある。これがリレーの醍醐味だ。

「やんちゃ君」たちも、カッコイイバトン渡しができるようになったことに満足する。そして、私のことを「すごい先生だ」と思ってくれる。そして、「この先生の言うことなら聞こう」という気になってくれる。

だから、私は「やんちゃ君」の多い荒れた学校でも、なんとかやってこれたのだと思う。

私は、「やんちゃ君」から人気があった。「来年は中村先生のクラスにしてください」と直訴してきた「やんちゃ君」も多い。

運動会のリレー練習で「やんちゃ君」たちと良い関係を築くのも、荒れた学校を生き抜くための大事な「策略」なのである。

組体操は高さがなくても演出で乗り切れる

組体操は、リレーと並ぶ運動会の「華」である。私は、組体操の指導が好きだ。もともと「立派な漫才師」を目指していた私は、演出が大好き。学級も、授業も、全て私が演出した作品だと思っている。運動会の開会式や閉会式、私が担当した競技も私の作品だと思っている。体育主任をしていた時は、運動会全体が私の作品だったな。

組体操は、まさに作品。全ての演出を担当できる組体操の指導は、私にはもってこいである。

ちなみに、一番の楽しみは、音楽の演出である。演出上、音楽の役割は大きいからだ。音楽には、私の好きなロックを使うことが多い。ビートの効いたロックは、子どもたちが拍を数えやすいという理由もある。しかし、それ以上の理由は、私が楽しいからだ。せっかくの演出である。演出家である教師が楽しまないのは、もったいない。

ある年など、全てビートルズ、しかも、ジョン色の濃い曲ばかりを集めてみた。すると、保護者のお父さん方から「中村先生も、ジョンが好きなんですか？」と話しかけられ、仲良くなるきっかけになった。

組体操の演出は、本当に楽しい。

それなのに、最近は、組体操が禁止になった学校が増えた。理由は、ハッキリしている。みんなが「高さ」を求め始めたからだ。そして、ピラミッドもタワーも、どんどん巨大化していった。

10段のピラミッドなんて、その典型だ。


そんな「高さ」は、危険に決まってる。だから、子どもが怪我をする。

だから、組体操禁止の風潮が広まったのだ。


私は、組体操では、「高さ」を求めない。「高さ」だけでなく、難易度の高い技も求めない。

私は組体操では、非常に難易度の低い技しか使わない。それは怪我をさせてしまった経験があるからだ。

20年ぐらい昔の話だ。サボテンの練習で、女の子を骨折させてしまった。

サボテン程度の技で、骨折してしまうのだ。難しい技に挑戦させるのは、怖い。

だから私は、サボテンはやらない。ピラミッドは、4段まで。しかも、下から2段目は、足を地面について立たせる「見せかけバージョン」だ。

塔も、6人、3人、1人の3段塔だけ。他より高い3段塔があれば、演出には困らない。

3段あれば、十分だ。しかし、

難易度の低い技だけでも、組み合わせでキレイに見せることができる。
そこは、演出の腕の見せ所だ。

10段ピラミッドなんて、成功させるだけで盛り上がる大技に頼る演出なんか、おもしろくもなんともない。

また、組み立てる時、崩す時、みんなで拍を合わせ、子どもたちが同時に動けば、キレイに見える。

そして、何より「気をつけ」である。私の演出には「気をつけ」が欠かせない。全員がピシッと「気をつけ」をして立てば、それだけで驚くほど美しい。

もちろん、表情にもこだわる。全員が真剣な表情になれば、それだけで一生懸命さが伝わる。

組体操の練習も、最初が肝心だ。まずは、真剣に取り組むように言う。絶対にふざけないように言う。

怪我をしないためである。また、観客を感動させるためである。6年生なら、「最後の運動会で、今まで育ててくださったお母さん、お父さんを感動させよう」というストーリーを加えることもある。

ここで、恒例の「3つの約束」である。ある年は、「歯を見せない」「必ず『気をつけ』」「走って移動」にした。

「歯を見せない」は、真剣な表情を見せるためである。また、この時は、荒れた学年だった。崩壊学級も6年生5クラス中2クラスあった。そのクラスは、おしゃべりが止まらなかった。

そこで、おしゃべりさせないためにも、「歯を見せない」を入れたのだ。彼ら彼女らは、腹話術師ではない。さすがに歯を見せずにしゃべることはできないだろうと考えたからだ。

こんな風に、約束を3つに絞って決める。そして、練習の最初には、必ず声を出して言わせ、確認する。

さらに、約束通りに動けば、褒める。動けなければ、厳しく叱ってやり直しである。中心になって指導する私だけではない。練習にかかわる全ての教師に褒める・叱るをするようにお願いしておく。

これをくり返して、「3つの約束」を徹底していくのだ。

もちろん、

運動会当日から逆算して、「上げ下げ」を考える。

運動会の練習は、長い。長い時には、1ヶ月ぐらい続く。そんな長丁場を「上げ下げ」をせずに乗り切るなんて、無理。

褒めて盛り上げる「上げ」の時期がある。厳しく叱ってダメ出しをする「下げ」の時期がある。「上げ下げ」をしながら、子どもたちが飽きないようにダレないように練習を進めていく。

たとえば、1週目は、厳しく指導して、「3つの約束」を徹底していく。2週目は、約束が徹底してきたことや技の伸びを褒めまくる。3週目は、……と「上げ下げ」を意識して指導する。前日は、褒めて盛り上げて終わるのが原則だ。

もちろん、これは一例だ。

目の前の子どもたちの様子を見ながら、現実に合った「上げ下げ」をする必要がある。

たくさん褒めて、子どもたちを乗せる時がある。厳しく叱って、引き締める時がある。

こういう緩急をつけて、子どもたちが飽きないように伸ばしていく。

組体操の練習自体も、教師が演出する「作品」なのである。

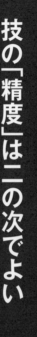

技の「精度」は二の次でよい

運動会の練習時間がどんどん短くなっている。

行事が縮小されることに反対だと書いた。しかし、運動会の練習時間を短くすることには、大賛成だ。

運動会の練習の大部分は、表現に費やされる。低学年なら、ダンス。中学年なら、ソーランやエイサーなどの日本の踊り。高学年なら、組体操だろうか。

表現は、運動会の目玉の1つだ。確かに、それは否定しない。目玉である表現にそれなりの時間を費やすのは、仕方のないことだと思う。

しかし、それにも程度がある。以前私が勤務していた学校では、運動会の練習に30時間以上の時間を費やしていた。各学年に割り当てられる運動場や体育館の使用時間が20時間以上だったのだ。それに全校練習などを合わせて、30時間。しかも、多くの学年がその時間を全て使っていた。いや、全てどころではない。「間に合わない」「精度を上げたい」こんな理由で、追加の練習時間を確保する学年さえあった。

これ、許されるだろうか?

体育の年間の時数は、90~102時間である。このうち、運動会の練習に30時間以上を費やしてしまうのだ。つまり、3分の1。

とても、許される状況ではない。

この無茶苦茶な現実に1人の保護者が気づく。そして、訴えられでもしたら、間違いなく、勝てない。

私は、体育主任として、この現状を改善した。やり方は、簡単。各学年に割り当てる練習時間を半分に減らしたのだ。各学年に割り当てられた時間は、10時間程度である。

「限られた時間のなかで、やれる範囲でやりましょう。」

私は、こう言い続けた。

時間を半分にしても、何とかなるものである。どの学年も、運動会当日に間に合った。そして、それなりの表現を見せた。

いや、それなりではないな。20時間かけた表現と、10時間でやった表現と、そんなに違いはなかった。もちろん、保護者から「今年の運動会の表現は、ものたりなかった」なんて苦情をいただくこともなかった。

私自身も10時間で、組体操をつくりあげた。

10時間なら、月曜日から金曜日に毎日1時間ずつ行って、ちょうど2週間である。

私は、最初の1週間で、とりあえず形をつくりあげてしまう。そして、残りの1週間で精度を上げていくイメージだ。

残りの1週間は、組体操だけやっているわけにもいかない。徒競走や障害走、団体競技の練習もしなければならないからだ。

他の競技も練習しながら、無理のない範囲で組体操の精度を上げていく。

ある年など、運動会前に2日間も台風で休校になってしまった。それでも、私が担当する組体操はもちろん、他の学年の表現も完成した。時間がないならないなりに、工夫して練習できるものだ。日本の教師の対応力は、本当にすごいと思う。

台風などで休校になっても構わないように、

まずは、ザッと全体を仕上げてしまう。そして、その後で精度を上げていく。

この手順がよいようだ。

もちろん、わずか5時間の練習で、ザッとでも仕上げるのは大変だ。私の組体操は、6つぐらいの場面に分けて、つくっていた。その6つの場面を5時間で教えてしまうのだから、段取りが大切である。

私は、基本的に、全ての台本を完成させていた。この場面は、どの技とどの技を組み合わせる。どの音楽に合わせて、何拍でどう動く。こんなことを全て決めておくのだ。そして、それぞれの担当教師を決める。たとえば、ピラミッドの子は、ピラミッド担当の教師の声を聞けば、どう動けばよいかわかるようにしておく。

もちろん、子どもたちの動きを実際に見ながら、微調整はする。しかし、大きな変更はしない。そんな時間はないからだ。

組体操の練習中、子どもたちを休ませて、教師たちで相談している姿をよく見る。これ、愚の骨頂。そんなことをしているから、時間がかかってしまうのだ。

効率よく練習を進めるためには、プロ教師の段取り、プロ教師の「策略」が必要なのである。

閉会式後が本番、さらに子どもを追い込め

運動会当日、全てのプログラムが終わった閉会式の後。子どもたちは座って、ホッとした表情をしている。そんな子どもたちを、私は、さらに追い込む。

「運動会、暑いなか、よくがんばりました。疲れたでしょう。でも、疲れた時、がんばれるのが本物だよ。中村先生は最後に君たちの、もうひとがんばりが、見たい！　さっと立って、全力の『気をつけ』をします。では、いくよ。全員、起立！」

ポイントは、疲れた時の、もうひとがんばりだ。

最近の子どもは、我慢ができない。だから、こういう行事を使って、我慢することを教えていく。鍛えていく。

「お～！　すごく、カッコイイ！こういうキツい時に、全員がきれいな『気をつけ』ができる学校なんて、日本中でこの学校ぐらいだ。君たちの先生で良かった。先生は最高に幸せだよ。素晴らしい運動会をありがとう！」

最後のひとがんばりをさせ、がんばりをねぎらう。

全員を座らせて、さらに次のように言う。

「運動会に参加するだけで疲れたよね。でも、自分たちの競技に参加するだけじゃなく、ずっと係の仕事もして、運動会をつくってくれた人たちがいるんだ。誰だかわかる？　そうだよね。5、6年生です。5、6年生、起立！」

5、6年生が立つ。1～4年生、先生方、多くの保護者、地域の方に見られているなかでだ。もちろん、5、6年生は最高の「気をつけ」を見せてくれる。

「今日の運動会が大成功だったのは、君たち5、6年生の『お陰』！　最高の運動会をつくってくれた。見てごらん、運動会は自分たちの競技だけでなく、係でくたくたのはずだよ。それなのに、これだけ立派な姿を見せてくれる。君たちのお陰で最高の運動会になった。1～4年生も、5、6年生になったら、こんな立派な高学年、最高学年になるんだよ。最高の運動会をつくってくれた5、6年生に拍手～！」

1〜4年生、そして、会場に残っている保護者、地域の方から大きな大きな拍手が起こる。大勢の人の前で褒められて、5、6年生は、とっても誇らしげだ。

運動会では、こうやって、5、6年生を本物の「高学年」に育てていくことが大切なのだ。

この指導、保護者の間でも、評判が良かった。面識のない保護者の方から、次のような声をいただくことも多かった。

「中村先生の最後の指導に涙が出ました。私の子がいる6年生をあんなに褒めてくださって。立派に育っているのが実感できました。ありがとうございました。」

一番多い時は、1000人の子どもがいた。ということは、2000人ぐらいの保護者が見ていることになる。その前で、私の指導、マイクパフォーマンスが披露できるのだ。多くの保護者の信頼を勝ち得る絶好の機会である。

だから、私は閉会式後にこういう指導を続けたのだ。その側面は否定できない。

この後は、運動会の後片づけが行われる。これも、5、6年生を褒めるチャンスだ。

「運動会で疲れたから、君たち1～4年は帰れるでしょ。でも、5、6年は、今からみんなのために後片づけをしてくれるんだよ。これだけ疲れているのに、みんなのためにがんばれる5、6年生は素敵だね。もう一度、感謝の拍手を贈ってあげてね。」

1～4年生だけでなく、多くの保護者や地域の方からも大きな大きな拍手が鳴り響く。5、6年の子はとっても誇らしげだ。また、こう褒めることで、学校全体のために、みんなのためにがんばって働くんだという意識づけもできる。

この後、係ごとに分かれて、運動会の後片づけが行われる。

驚いたことに、終わった係から帰るという学校に勤務したことがある。つまり、最後に5、6年生全体を褒める機会がないということ。非常にもったいない話である。それでは、子どもたちは育たない。

私は、必ず、もう一度、5、6年生を集める時間を取っていた。終わった係は、まだ終わってない係を手伝えばいい。

そして、最後に集めて、もう一度ねぎらう。

「疲れているのに、最後まで後片づけ、ありがとう。でも、こういう疲れている時にみんなのために働けるのが高学年だよ。君たちは、運動会を通して、本当の高学年に成長したね。素晴らしい運動会をありがとう！」

とにかく、褒めて褒めて、褒めちぎる。自分たちの手で運動会が大成功したことを実感させるのだ。

ご褒美にジュースがもらえる学校では、必ずみんなで運動会大成功のお祝いに乾杯をした。

修学旅行の時にも書いたが、運動会にも次の大原則は当てはまる。

全ての行事で、最後は褒めて終わろう。
また、最後に褒めるというゴールに向かって、「策略」を巡らせよう。

成功体験で終わらせることが、行事で子どもたちを伸ばすための大原則である。

みんなでがんばって運動会を成功させる。そんな成功体験を通して、子どもたちは「集団」としてまとまっていく。

行事は「礼節」まで仕込めておいしい

体育的行事は、運動会だけではない。たとえば、春に多く行われる身体測定などである。たとえば、2時間目に身体測定が行われる朝。まずは、私は黒板に次のように書いておく。

①漢字ノート、集金出す。
②計ドノート、自主勉ノート出す。
③ランドセルしまうま。
④○○○る。
⑤計スキ（5）やる。自分で赤で丸つけ直しも。↓開いて出す。
※丁寧に。もちろん、やり直しアリです。

⑥黙って読書。

どこかで見たことのある板書だと思う。すぐにわかる人は、かなりの「『ブラック』通」。「『ブラック』検定」一発合格だな。「ブラックマスター」の称号を差しあげたい。

実は、『ブラック学級づくり』123ページで紹介した板書だ。比べてみると、違いは、……④。子どもたちは、謎解きが大好き。こういうちょっとした仕掛けにも、すぐに乗ってくる。そして、「先生、④の『〇〇〇る』って、何ですか？」と聞きにくる。

私は、「自分で考えてごらん」と言うだけだ。いや、下の学年では「今日の日課をヒントに考えてごらん」と言う時もあるな。

正解は、「着替える」。「今日の2時間目は身体測定だな。着替えとかなきゃ」と気づいてほしいから、こういう仕掛けを用意する。

もちろん、誰が一番最初に着替え始めるか、見ておく。そして後で、その子は、みんなの前で褒める。学級通信にも載せる。

また、身体測定の時には、身長、体重の他にも、私はあることをメモしている。それは、あいさつ。その結果は、次のように学級通信で紹介する。

■「お願いします」「ありがとうございました」が言える感じの良い人たちです。

4月15日（木）に身体測定がありました。この時、「お願いします」「ありがとうございました」が言える感じの良い人が多くいるのに驚きました。

特に教えたわけでもないのに、すごいです。とってもいいことだと思います。

★「お願いします」が言えた感じの良い人
　Aくん　Bくん

★「ありがとうございました」が言えた感じの良い人
　Cさん　Dさん　Eくん　Fさん

★「お願いします」も「ありがとうございました」も言えたものすごく感じの良い人
　Gくん　Hさん　Iさん　Jくん　Kさん　Lくん

あいさつ、生きていくうえで、とっても大事です。

あいさつができないと、中学校、高校の部活では、レギュラーになれません。就職する時にも、困ります。就職してからは、もっと困ります。

友達関係や人間関係などでも、そうですね。あいさつができないと、いろいろな損をします。ぜひ、「お願いします」や「ありがとうございました」を始め、いろいろなあいさつができる人になってくださいね。

（※アルファベットは本当は実名）

すると、子どもたちは、「お願いします」も「ありがとうございました」も言えるようになる。実に礼儀正しくなるのだ。内科検診などでは、

「中村先生は、体育会系ですか？　子どもたちに礼儀の指導が行き届いてますね」

と校医さんから、お褒めの言葉をいただくことも多い。

しかし、大きな勘違い。演劇部、軽音学部などに所属していた私はバリバリの文化系だ。それでも、褒められた事実は、学級通信で紹介する。もちろん、「礼儀正しいクラスだと校医さんに褒められました」と、子どもの手柄に変えてである。

この他にも、身体測定では、教室移動や、順番を待つ態度なども鍛えられる。

全ての行事は、子どもたちを鍛え育てるためにある。それは、保健的な行事も変わらない。「策略」をもって、子どもを鍛え育てよう。

第3章

卒業式

子どもを鍛える最後の「策略」

写真だけで保護者の「涙」を引き出せる

6年生を何度も担任してきた。6年生最大の行事といえば、言うまでもなく卒業式だ。というか、卒業式は、小学校生活6年間で最大の行事だな。

私は、卒業前の子どもたちには、次の2つを強く意識して指導してきた。

・自分の成長を実感させる。
・そして、自分を今まで育ててくださった人たちに対して、「感謝の心」をもたせる。

キーワードは「感謝の心」だ。

子どもたちは自分一人の力で大きく成長できたわけではない。多くの方の支えがあったから、ここまで大きくなれたのだ。

それなのに、子どもたちは、自分一人で大きくなったような顔をしている。そんな大きな勘違いをさせたまま卒業させてはいけない。

特に、親の支えは大きい。そのことには、絶対に気づかせたい。

しかし、「成長を実感しなさい」「今まで育ててくださったお母さん、お父さんに『感謝の心』をもちなさい」こんな風に言うだけでは、子どもたちの心に届かない。

「感謝の心」をもたせるためには、当然、「策略」が必要なのである。

私は、卒業前に「赤ちゃん当てクイズ大会」を行っている。昔なら、道徳。今は教科書を使えとうるさいので、学活かな。いずれにせよ、「赤ちゃん当てクイズ大会」は子どもたちに成長を実感させるのに非常に有効なアイテムだ。そして、親に対して、「感謝の心」をもつようになる。

「赤ちゃん当てクイズ大会」を行う2週間前、学級通信で次のように呼びかけた。

■赤ちゃんの時の写真を1枚持ってきてください。

自分の成長を実感するため、そして、今まで育ててくださった人たちに対して「感謝の心」

をもつために、「赤ちゃん当てクイズ大会」をします。

赤ちゃんの時の写真を見て、誰か当てるクイズです。

3月10日（月）からの週のどこかで行う予定です。それまでに、赤ちゃんの時の写真を1枚用意しておいてください。

ぜひ、お家の人と一緒に探してくださいね。

誰の写真かバレてしまうと、おもしろくなくなります。学校に持ってきても、友達に見せないようにしてください。


私はいつも学級通信を読み聞かせている。この記事を読み聞かせると、「おもしろそう！」と子どもたちはすぐに食いついてきた。

ポイントは、「お家の人と一緒に」写真を探すことである。複雑な家庭の子もいるので、こういう言い回しをした。要は、「親子で探しておいで」ということだ。

写真を探した翌日、子どもたちは次のような話をしてくれる。

「赤ちゃんの時の写真を探しはじめて、今までのアルバムを全部見ちゃった。たくさん写真があるのにビックリ。お母さんとも、いっぱい昔のことを話したよ。」

保護者からも連絡帳に次のような感想をいただくことが多い。

「子どもと一緒に写真を見るだけで、涙が出てきました。こんなに大きくなったんだなあって。」

子どもたちや保護者の言葉からわかる通り、

「親子で一緒に」赤ちゃんの時の写真を探すだけで、成長を実感し、「感謝の心」をもつための有意義な活動になる。

さて、「赤ちゃん当てクイズ大会」のルールは次の通り。

①1班のメンバー5人が前に出る。みんなに顔がよく見えるように横一列に並ぶ。
②その5人の写真を集めてシャッフルし、1枚ずつ実物投影機で大きく映す。
③1班以外の子は、1枚目の写真が誰なのか、予想して書く。2枚目、3枚目、……5枚目と予想して書く。
④正解発表する。もう一度1枚ずつ写真を映しながら、誰の写真か発表していく。1人正解す

るごとに10ポイントゲット。
⑤2班、3班……と出題班を交代して、①〜④をくり返す。一番多くの得点をゲットした人が優勝。

赤ちゃんの写真を映すたびに歓声が上がる。

「わかった！　全然変わってないけえ。」

「え〜!?　誰？　こんな子、この班にいないじゃん。」

わかってもわからなくても、子どもたちは大盛り上がり。「赤ちゃん当てクイズ大会」が終わった時には、教室があたたかい雰囲気に包まれる。

「みんな赤ちゃんの時に比べて、ずいぶん大きくなりましたね。顔が全く変わってしまった人も多くて、先生もびっくりしました。」

子どもたちは、うなずきながら聞いてくれる。

「みなさんは、自分一人で大きくなったのですか？」

子どもたちは、首を横に振る。

「みなさんは、いろいろな人に支えられて、ここまで大きくなりました。特に君たちをかわいがり、一生懸命育ててくださったのは、お母さん、お父さんです。では、お母さん、お父さんにどんなことをしてもらいましたか？」

２分間で、箇条書きさせた。発表させると、「働いてくれた」「ご飯を食べさせてくれた」「いろんな物を買ってくれた」など、たくさん出る。黒板に書いていくと、子どもたちは、本当にいろいろなことをしてもらったのだと実感する。

特に、「朝、起こしてもらった」など、日常でくり返されている小さなことに気づいている子を褒めた。

「君たちは、これらのことを『当たり前』だと思っていますか？『当たり前』だと思っている人？」

手を挙げるように促すが、誰も挙げない。

「みんな『当たり前』だとは思っていないようですね。では、『当たり前』の反対は何ですか？」

子どもたちから、正解は出ない。そこで、黒板に「有り難い」と書く。

「『当たり前』の反対は、『有る』ことが『難しい』。つまり、『有り難い』『ありがとう』です。」

子どもたちは「なるほど！」という表情で聞いてくれた。

「卒業を機会にお母さん、お父さんに『有り難い』『ありがとう』と感謝の気持ちをもちなさい。」

この「決めゼリフ」は、子どもたちの心に落ちる。

ちなみに、「当たり前の反対は、有り難い、ありがとう」は、41ページの修学旅行の指導などでも、出てきている。私がよく使う「決めゼリフ」だ。

お気づきの読者もいるだろう。この「決めゼリフ」は、親友・土作彰氏の本からパクッたもの（土作彰著『絶対に学級崩壊させない！ここ一番の「決めゼリフ」―〈生き方〉に迫る深いいいクラスづくり―』明治図書）。この本は、名著である。非常に土作氏らしい本だと思うし、土作氏にしか書けない本だと思う（土作さん、宣伝しておきました。今度、ご馳走してね）。私は、「決めゼリフ」もオリジナルにこだわらない。子どもに届く言葉であれば、人の言葉でも遠慮なく使う。いずれにせよ、

日頃は説教くさく感じる話も、卒業前の子どもたちには、よく落ちる。

卒業を利用して、子どもたちに「感謝の心」をもたせるのだ。

卒業式で臭く「愛」さえ語れば感動を呼べる

6年生相手の卒業式の練習では、最初に次のように聞く。

「卒業式は、誰のためにありますか？」

子どもたちの多くは、「6年生」と答える。

「卒業式は、実は、君たち6年生のためのものではありません。君たちのお母さん、お父さんのためにあるのです。」

子どもたちは、えっ!?という表情を見せる。私は真面目な表情とトーンで次のように続ける。

「子育てって、死ぬほど大変なんだよ。でも、君たちがかわいいから、君たちのことを愛してくださっているから、お母さん、お父さんは今まで育ててくださったんだ。」

「愛してくださっているから」なんて、非常に臭い台詞だ。プンプン臭いにおいが漂ってくる。それでも、

卒業式という大きな行事があるから、こういう臭い台詞も許される。行事のもっている力である。

さらに、次のように聞く。

「死ぬほど大変なのに、育ててくださったのは、当たり前なの？」

「当たり前じゃない！」

教えなくても、子どもたちは声を揃えて言う。

「当たり前の反対は、有り難い。つまり、ありがとう。卒業を機会にお母さん、お父さんに『有り難い』『ありがとう』と感謝の心をもちなさい。」

先ほど書いたように、この「決めゼリフ」は親友・土作彰氏から学んだものだ。あいつもたまには良いこと言うなあ。

「感謝を伝えると言っても、お母さん、お父さんがほしいのは、高価なプレゼントでは

ないよ。一番ほしいのは、君たちの成長した立派な姿だ。卒業式で立派な姿を見せれば、お母さん、お父さんは思ってくださるはず。『こんなに立派になって……大変だったけど、がんばって育ててきて良かった』って。立派な姿を見せるだけで喜んでくださるなんて、親ってなんて有り難い存在だと思いませんか？」

こんな臭い話も、卒業前の子どもたちは、うなずいて聞いてくれる。

「卒業式の目標は、『立派な姿で感謝を伝える』です。言ってみて。」

「立派な姿で感謝を伝える！」

子どもたちは、声を揃えて言う。そして、卒業式の練習の最初には、必ず次のように確認する。

「卒業式の目標は？」

「立派な姿で感謝を伝える！」

まずは、こういう大きな目標を意識させる。すると、後の指導がやりやすい。

たとえば、子どもたちの気がゆるみ、姿勢が悪くなったとしよう。そんな時は、

「そんな姿では、感動しない！　もっと感謝の心をもって、態度で示しなさい」

と厳しく叱ることができる。

こういう指導は、私の常套手段だ。きちんと文脈をつくって、その文脈に沿った指導をする。だから、子どもたちもついてくるのだと思う。

修学旅行のところでも書いたが、

ストーリーをつくり、子どもたちをそのストーリーに乗せてしまうイメージだ。

このあたりの乗せ方が、若手教師とは違うのだと思う。まさに、私の詐欺術。「策略」だ。私はこうやって、言葉巧みに子どもたちを何となくがんばらないといけないような雰囲気に追い込んで行く。

毎時間、卒業式の練習を行う最初は、

「卒業式の目標は？」「立派な姿で感謝を伝える！」

このやりとりからスタートだ。

そうすれば、子どもたちは目標を意識して、卒業式の練習に取り組むことができる。

卒業式の練習は「テンポ」さえ重視すればよし

卒業式の練習は、いつも次のやりとりからスタートだ。

「卒業式の目的は？」（教師）

「立派な姿で感謝を伝える！」（子どもたち全員が声を揃えて）

「そうです。子育ては、死ぬほど大変なんだよ。でも、君たちがかわいいから、愛してくださってるから、お母さん、お父さんは、どんなに大変でも、君たちをここまで大きく育ててくださったんだ。これって、当たり前？」

「当たり前じゃない！」

「そんなお母さん、お父さんが嬉しいのは、君たちの成長。卒業式で立派な姿を見せるだけで、喜んでくださる。卒業式は、立派な姿で、感謝の心を伝えよう！」

これは、毎回の「お約束」。「お約束」でストーリーを確認するのだ。そして、私は、子どもを動かし始める。

「では、練習を始めるよ。まずは、立って、『気をつけ』。立派な『気をつけ』をすれば、それだけでお母さん、お父さんは喜んでくださるからね。卒業生、……起立！」

私の「フリ」に、6年生は全力で応えてくれる。もちろん、「フォロー」を忘れない。

素晴らしい『気をつけ』をしている子は、

「○○くん、立派！　その立派な『気をつけ』なら、お母さん、喜んでくださるよ」

と褒める。きちんと『気をつけ』ができていない子は、

「○○！　君だけ、目立ってる。他の人たちが立派なのに、その『気をつけ』は、何だ!?

お母さんを悲しませたいか？　12年間育ててきたのに、うちの子だけみっともないって」

と厳しく叱る。

合言葉「立派な姿で感謝を伝える」のストーリーに乗せて、「フォロー」していく。教師と子どもたちで一緒に物語をつくっていくイメージがいい。

さらに、子どもたちを動かしながら、今まで教えたことを確認する。

「次は、礼をします。頭を下げた時、一拍おくんだよ。礼！」

「次は、着席です。1秒で、音を消すよ。卒業生、着席！」

こうやって、次々と子どもたちを動かしていく。


子どもたちを次々と素速く動かしていくと、リズムができる。すると、私が指導しやすい雰囲気ができあがる。

授業もそうだが、最初に教師のやりやすい空気に支配してしまうことは大切だ。


もっとも、この指導、ベテランのおばちゃん先生から、1回苦情を受けた。

「ああやって立ったり座ったりをすると、イスの位置が変わってしまうので、やめた方がいいのでは？」

という有り難いご指摘だ。私は、戦わない。この助言も受け入れる気でいた。

「でも、ああやって子どもを乗せていかないと、こういう良い雰囲気で卒業式練習はできませんよ。」

学年主任が救ってくれた。この学年主任は、非常にセンスのある方だ。彼女の言葉に、自分の指導技術にいくつも気づかされた。本当に有り難い存在である。

「卒業生、起立！」「卒業生、着席！」

学年主任の言葉通り、こんな指示をくり返し、私は子どもたちを乗せていく。たまに、

「在校生、起立！」

なんて、変化球を取り入れる。立ってしまった子に、

「〇〇くんは、来年もこの学校に残るそうです」

と、ツッコミを入れる。すると、卒業式練習で緊張している子どもたちが笑顔になる。

笑顔になるが、笑い声にならない程度が大切だ。ピシッとした雰囲気が崩れない程度に、こういう遊びを入れるといい。すると、子どもたちが飽きにくい。ただ、雰囲気が崩れるようなら、こんな笑いは入れる必要がない。百害あって一利なしだ。笑いを入れても、ピシッとした空気を維持できるのがプロの技である。

このあたりのさじ加減を若手教師は学んでほしい。私の指導をライブでお見せできないのが残念だ。だから、本書は、こういう生のやりとりを描写することにこだわっている。

教室最後の学級活動ではウソでも泣け

卒業式の後、教室で最後の学級活動が行われる。

私はいつも、学級通信を読み聞かせることにしている。もちろん、私は、涙をこらえながら読む。というか、こらえられない涙を少し流す感じで読む。

すると、子どもたちは思ってくれるだろう。「こんなにも私たちのことを想ってくださってる。中村先生で良かった」と。

すると、保護者のみなさんは思ってくださるだろう。「こんなにも私の子を想ってくださってる。中村先生で良かった」と。

そして、この1年間のいろいろな悪事がチャラになるのだ。

卒業式で涙を流すことは、「小学校生活最後の1年間、この先生で良かった！」と思わせるための、重要な「策略」である。

では、卒業式後の学活で、私が読み聞かせている学級通信の一部を引用して紹介する。


卒業式1つとっても、君たちのために、多くの準備をしてくださっています。この12年間で、君たちのために、どれだけの方がどれだけたくさんのことをしてくださったことでしょう。

君たちは、それを絶対に「当たり前」だと思ってはいけない。「有り難い」「ありがとう」と「感謝の心」をもつべきです。

そんななかでも、君たちのために一番がんばってくださったのが、お母さん、お父さんです。子育ては死ぬほど大変です。でも、子どもはかわいくて仕方ないですからね。君たちがかわいいから、君たちのことを愛してくださっているから、お母さん、お父さんは、どんなに大変でも、君たちを大切に育ててくださったのです。

君たちは、それを絶対に「当たり前」だと思ってはいけない。「有り難い」「ありがとう」と「感謝の心」をもつべきです。

誰よりも、お母さん、お父さんに「感謝の心」をもつべきです。

君たちは、今日の卒業式、「立派な姿で感謝を伝える」を合言葉にがんばってくれたことと思います。

お母さん、お父さんは、ものすごく喜んでくださったはずですよ。君たちが成長した立派な姿を見せるのが、一番の親孝行なのですから。

子育ては死ぬほど大変です。でも、立派な姿を見せれば、お母さん、お父さんは思ってくださったはずです。「こんなに立派になって！　がんばって育ててきて、本当に良かった！」と。

それでも、やはり、立派な姿だけでなく、言葉でも「感謝の心」を伝えたいと考えました。

今から、一人ひとりが一生懸命心を込めて書いた手紙を渡しに行きます。子どもたちは「今まで育ててくれて、ありがとう」と言って、手紙を渡してくださいね。恥ずかしい人は、「今まで、ありがとう」、いや「ありがとう」だけでもいいですよ。

とにかく「感謝の心」を言葉にして、手紙を渡してきてください。


学級通信の読み聞かせを聞きながら、涙を見せる保護者、子どもたちも多い。せっかくの卒業式である。やはり、みんなが涙できるぐらい感動的に演出したいものである。

子どもからの感謝の手紙に、感動してくださる保護者も多い。後日わざわざ学校まできき

てくださって、

「子どもの手紙に感動しました。『朝、起こしてくれて、ありがとう』とか、些細なことを書いてくれているのが、すごく嬉しかったです」

とお礼を言ってくださる保護者もたくさんいた。

ちなみに、学級通信を読み聞かせ、手紙を渡せば、学級活動は終了である。私はダラダラ話をしない。後は、記念撮影の時間にする。

5年生がきれいに飾ってくれた教室で、思い思いに写真を撮る。これも、保護者には好評だ。5年生や教職員に見送られた後は、6年生が教室に入ることができない学校が多かった。だから、こんな時間でもつくらなければ、教室で写真撮影する時間などない。せっかく5年生が心を込めて準備してくれたのだ。最大限活用しなければ、5年生のがんばりが報われないではないか。

教師は、長々と時間をとって話せばいいというわけではない。言いたいことを言い、やりたいことをやる。そして、後は自由に記念撮影。こんな最後の学級活動が喜ばれる。

子どもをうまく「成長ストーリー」にのせよ

5年生の3月、そして6年生になりたての4月は非常に大切である。
6年生を送る会、卒業式、そして、入学式と行事が続く。

これらの行事のなかで、5年生を「最高学年」へとグッと育てないとマズイ。
5年生が6年生になった1年間、全校が困ることになってしまう。
6年生になってから、「最高学年」に育てるのでは遅いのだ。

5年生を「最高学年」に育てるためには、「最高学年への成長ストーリー」をつくる。
そして、そのストーリーに言葉巧みに乗せていく「策略」が有効だ。

６年生を送る会の準備や練習のため、５年生全員が集まった３月。まずは、次のように言う。

「君たちは、何年生ですか？」（教師）

「５年生！」（子どもたち全員が声を揃えて）

「そうです。君たちは５年生、高学年です。でも、３月からは違います。卒業前の６年生は、お客さんみたいなもの。君たちが最高学年です。最高学年、はい。」

「最高学年！」

「最高学年は、自分のことができるのは、当たり前。みんなのため、全校のために働けるのが最高学年です。６年生を送る会、卒業式、入学式を通して、６年生や１年生、全校のためにがんばる経験を通してしか、君たちは本物の『最高学年』になれません。人のためにがんばって、本物の『最高学年』に成長しなさい。」

この時期の５年生は、はりきっているものだ。こういうお説教も素直に聞いてくれる。

「まずは、６年生を送る会です。６年生を送る会は、誰のためにありますか？」

「６年生！」

「そうです。自分のためにがんばれるのは、当たり前。６年生、人のためにがんばれるのが、最高学年です。6年生のためにがんばって、本物の最高学年に成長してください。」

「はい！」

「6年生のためにがんばることが2つあります。1つ目は、喜ばせることです。心のこもった出し物をして、6年生を喜ばせてあげてください。クイズやゲームの企画を工夫して、6年生を楽しませてあげてください。6年生のためにがんばること、1つ目、なんですか？」

「喜ばせる！」

「2つ目は、安心させることです。6年生は、不安に思っています。『俺たちが卒業して、この小学校は大丈夫だろうか？』って。君たちが立派な姿を見せて、6年生を安心させてあげてください。君たちがピシッとしたオーラを送れば、下の学年だってピシッとするからね。全校の立派な態度で6年生を安心させてあげてください。6年生のためにがんばること2つ目は何ですか？」

「安心させる！」

5年生の子どもたちに、この2つを意識させ、6年生を送る会に取り組ませる。

実際の6年生を送る会で、5年生は大活躍することが多い。

心のこもった出し物を6年生にプレゼントすることができる。また、クイズやゲームも大いに盛り上がる。6年生も終始笑顔で、良い会になることがほとんどだ。

そこで、6年生を送る会が終われば、もちろん、フォローする。

「6年生を送る会は誰のために行われますか?」(教師)

「6年生!」(子どもたち)

「6年生のため、人のためにがんばれるのが最高学年です。6年生のためにがんばること、1つ目は、何ですか?」

「喜ばせる!」

「今日の6年生を送る会、6年生が喜んでくれたと思う人?」

私の手を挙げるポーズに促されて、全員が手を挙げる。最高学年としての自覚が育っているのか、手の挙げ方もいつも以上にピシッとしている。

「君たちの『お陰』で6年生は喜んでいたよ。最高の思い出になったと思う。バッチリ喜ばせることができた。人のためにがんばれた自分たちに拍手~!」

子どもたちは嬉しそうに拍手する。

「6年生のためにがんばれること、2つ目は何ですか?」

「安心させる！」

「6年生が安心できたと思う人？」

これも、全員がピシッと手を挙げる。

「そうだよね。クイズやゲームは盛り上がったけど、他の学年や6年生の出し物、校長先生のお話などは、1年生も黙って聞けていた。これも、君たち最高学年のお陰！　君たち最高学年がピシッとした態度で、全校を落ち着いた雰囲気にしてくれたからね。6年生も『俺たちがいなくても、大丈夫だ』って安心したと思うよ。素晴らしい最高学年の自分たちに拍手～！」

自分たちが初めて全校の中心になって行った6年生を送る会を成功させ、5年生の子どもたちは自信に満ちあふれた表情を見せる。

こうやって、6年生を送る会からは、5年生を最高学年に育てていくことが必要なのだ。6年生になってからでは、遅い。遅すぎだ。

子どもたちがグッと伸びる5年生の3月を大切にしないといけない。

5年生を卒業式で「最高学年」と自覚させよ

私は、中規模校や大規模校に勤めることが多かった。そのため、卒業式には、5年生と6年生だけが出ることが多かった。

最初の卒業式練習で、5年生の子どもたちに、次のように聞く。

「卒業式は、誰のためにありますか?」

子どもたちは、「6年生」と答える。しかし、正解は違う。正解は、「6年生の保護者」である。卒業式は、6年生がこれまで育ててくださった保護者に感謝するための式なのだ。

しかし、5年生には、「6年生とその保護者のため」だと教える。より多くの人のためにがんばったという実感をもたせた方が得策だからだ。

「卒業式は、誰のためにありますか?」

「6年生とその保護者！」

このやりとりは、卒業式の練習のたびに、必ずする。6年生とその保護者のためにがんばるという意識づけは大切だからだ。

さらに次のように説明する。

「卒業式は、6年生とその保護者のためにあります。君たちのためではありません。でも、自分のためにがんばるのは、当たり前。人のためにがんばれるのが、最高学年です。君たちは卒業式で人のためにがんばる経験を通してしか、最高学年に成長できません。6年生とその保護者のためにがんばって、最高学年に成長してください。」

この説明も、くり返しする。この時期の5年生は、やる気になっているものだ。私が何度説明しても、真剣な表情でうなずきながら聞いてくれる。

がんばると言っても、卒業式の間、5年生はほとんど座っているだけだ。ジッと黙って座っているのが一番の仕事だと言って良い。

もちろん、心を込めた呼びかけの練習は必要だ。校歌や国歌、卒業生を送る歌の練習も必要だ。しかし、2時間の式の間は、ジッと黙って座っている時間がほとんど。これが、実にキツい。そのキツさを理解したうえで、次のように言う。

「卒業式は、練習も本番も大変だよ。主役である6年生が目立って、保護者のみなさんが喜んでくださるように、君たち5年生はジッとしておかなければならない。2時間ずっとジッと黙って座り続けているのは大変だよね。しかも、目立たないように姿勢良くしてピクリとも動いてはいけない。本当に大変だ。先生もジッとしているのは苦手だからよくわかる。でも、その大変さを人のために我慢してこそ、最高学年。大変だけど、6年生のため、保護者のためにがんばるんだよ。」


子どもたちの大変さを理解していることを伝えたうえで、共感しながらも、がんばるように伝える。

上から目線だけでは、ダメ。このあたりのさじ加減は上手くやりたいものだ。


ジッと黙って座っておくためには、座り方の指導をしなければならない。

まずは、足。地面にペタッと足の裏をつける。絶対にフラフラしない。また、立ったらすぐに「気をつけ」できるように、かかとはつけ、足先は45度開く。

次に、ひざ。女子はくっつける。男子は、拳1つ分あける。

さらに、手。女子は手を開いたまま指を閉じる。そして、手のひらを重ねて膝の上に置く。男子は、グーにして膝の上に置く。

背中は、イスにもたれない。一番背が高くなるように、背筋をピッと伸ばす。

私が教えた通りにできているかどうか、他の教師にフォロー（個別評価）をお願いする。

「○○さんの足は、きれい。中村先生に言われた通りの形になっている。」

「○○くんの足は、違う。言われたことぐらい、ちゃんとやりなさい。」

くり返し言っているが、

名前を呼んで、個別評価。子どもをやる気にさせるのには、これしかない。

教えた後は、練習する。まずは10分間、この姿勢を続けるのだ。

「今からこの姿勢で10分間過ごします。ピクリとも動いてはいけません。卒業式の本番は2時間だからね。10分ぐらいジッと座って我慢できないようでは、話にならない。」

ピクリとでも動けば、当然、叱る。10分間動かずにがんばることができれば、褒める。

運動会にはない、起立や着席の指導も紹介しておこう。

「卒業式では、君たちは在校生と呼ばれます。在校生、起立！」

こう言うと、5年生全員がサッと立つ。

「足は『気をつけ』のままだから、変わらない。サッと立って、手を横にして伸ばせば、すぐに『気をつけ』の姿勢になります」

起立の練習は、わりと簡単だ。変わるのは、手だけ。子どもたちはサッと立って、すぐに素晴らしい「気をつけ」を見せてくれる。

「さすが最高学年！　6年生のため、保護者のためにすばらしい『気をつけ』ができている。人のためにがんばれる君たちは素敵だね。素敵な自分たちに拍手〜！」

もちろん、フォローを忘れない。

問題は着席である。これは、なかなか難しい。座り直す子が多いので、最初は5秒ぐらい音が消えない。そこで、

「1秒で音を消しなさい。やり直します。着席！」

と言うと、意識して座り直さなくなる。

こうやって、5年生の子どもたちを鍛え育てると、卒業式で立派な姿を見せてくれる。

来賓の方から6年生より5年生の態度を褒めていただくことも多い。

卒業式が終わり、来賓、保護者が退場した後、私は5年生全体の前に出る。

「卒業式は誰のためにありますか？」

「6年生とその保護者！」

「自分のためにがんばるのは、当たり前。人のためにがんばれるのが、最高学年です。しかも、人のためにずっとジッと黙って座ってるなんて、大変だよ。それでも、6年生のため、保護者のため、がんばり続けて卒業式を成功させたと思う人？」

子どもたちは全員、自信をもって手を挙げる。手の挙げ方もピシッと伸びていて、いつも以上にきれい。やる気と自信を感じさせてくれる。

私も全力で褒める。

「大成功だったよ！　本当に素晴らしい態度だった。あんな素晴らしい姿勢を続けるのは、キツかったろうにね。人のためにがんばれる君たちは、本当に素敵だ。大成功の卒業式をありがとう！　素敵な自分たちに拍手〜！」

こういう成功体験を通して、5年生の子どもたちは立派な最高学年に育っていく。

5年生の子どもたちを立派な最高学年、6年生に育てるのが、5年生担任の醍醐味なのである。

5年生は入学式を迎えて「最高学年」となる

6年生を送る会、卒業式で、人のためにがんばる経験を通して、5年生は最高学年である6年生に成長していく。というか、

「人のためにがんばる経験を通してしか最高学年になれない」という「成長ストーリー」に乗せて、子どもたちを伸ばしていく。

6年生になれば、さっそく入学式がある。私の勤務する大規模校では、6年生だけが出席することが多い。

「君たちは、何年生ですか?」「6年生!」

「そうです。6年生は、最高学年。入学式にも全校を代表して、最高学年である君たち6年生だけが出席します。」

こう言って、全校の代表であることを意識させる。

「卒業式は、6年生とその保護者のためにありました。では、入学式は誰のためにありますか?」「1年生とその保護者!」

教えなくても、子どもたちは声を揃えて言えるものだ。

「教えてないのに、良くわかった! すごい! そうです。1年生と、その保護者です。入学式は、君たちのためのものじゃない。それでも、人のためにがんばれるのが、最高学年。入学式で人のためにがんばる経験を通して、さらに最高学年として成長してください。」「はい!」

これで「人のためにがんばる経験を通してしか最高学年になれない」という「成長ストーリー」、継続である。

さらに、説明を続ける。まずは、「1年生のため」の説明である。

「入学式では、1年生のために、立派な姿を見せてください。1年生にとって、頼りがいのある6年生に見えるからね。」

これは、サラッと。私が入学式で強調するのは、次の「保護者のため」の説明である。

「入学式では、1年生の保護者のために、立派な姿を見せてください。1年生の保護者って、心配してるんだよ。この学校で大丈夫だろうかって。でもね、君たち6年生が立派な姿を見せれば、保護者は安心してくださる。○○小学校で6年間過ごせば、この6年生みたいに立派になるんだって。」


ということで、入学式は、「立派な姿で安心させる」が合言葉。


「入学式は、誰のためにありますか?」「1年生とその保護者!」

「入学式の目標は?」「立派な姿で安心させる!」

「君たち6年生が立派な姿を見せて、1年生の保護者に『この学校で6年間育てば立派になれる』って安心させてあげてね。」「はい!」

入学式の練習は、このやりとりからスタートである。そして、「保護者を安心させるためにがんばる」「人のためにがんばる」経験をさせ、6年生をさらに立派な最高学年に育てていく。

エピローグ

ブラック遠吠え

時には「荒療治」だっている

ここからは、蛇足。本題である行事とは、関係ない。蛇足とわかったうえで、若手たちに伝えたいことを書いていく。

リョウマ（仮名）という4年生の「やんちゃ君」を担任したことがある。

リョウマは、とにかく人に悪さをする子だ。本人に悪気はないようなのだが、人が嫌がることをするのが大好きだった。しかも、たちが悪いのが、やったことを認めないこと。クラスの子がリョウマに悪さをされて、私の所に苦情を言いにくる。リョウマを呼んで事情を聞くと、「やってない！」の一点張りである。

リョウマとの信頼関係もバッチリ築けた5月の末。私は一か八かの勝負に出ることにした。リョウマの悪さには、母親も手を焼いていた。そして、何とか変えたいと思っていた。

私にも非常に好意的で協力的な保護者だ。

非常に協力的な保護者であることが、一か八かの勝負をかける大前提である。言うまでもないことだろう。

リョウマを教室の前に出し、こう言った。

「最近、リョウマに対する苦情がものすごく多いです。それなのに、リョウマは『絶対にやってない』って言います。今日はどっちが本当なのか、ハッキリしてもらいます。」

リョウマの表情は、まだ変わらない。また「やっていない」と言えば、済むとでも思っているのだろう。

「リョウマに何か悪さをされたという人、起立。」

驚いたことに、クラス全員が立ち上がった。そこで、席順に1人ずつ何をされたか、聞いていった。

「リョウマくんに消しゴムを取られて、返してくれませんでした。」

「俺、絶対にそんなことしてない……。」

リョウマが言うので、次のように聞いた。

「リョウマに何か取られて、返してもらえなかったことがある人?」

クラスの半分以上が手を挙げる。

「リョウマ、これだけの人が物を取られて、返してもらえなかったって、言ってるんだけど。これだけの人が全員、ウソ言ってるんだね。」

リョウマの表情が曇った。

「人の物を取って、返さなかったことあるよね。」

リョウマは小さく頷いた。さらに他の子が言う。

「何もしていないのに、いきなりぶつかってきたことがあります。」

「何もしていないのに、いきなりぶつかられたことがある人?」

今度はほぼ全員が手を挙げた。リョウマは、うつむいたままだ。

「クラスのほぼ全員が、いきなりぶつかられたって言ってるんだけど。クラスのほぼ全員がウソついてるの?　やってない?」

「……やりました……。」

リョウマが小さい声で言った。

この後も、リョウマがした悪いことを子どもたちが発表した。そして、同じことをされたことがある人に手を挙げさせた。そして、リョウマにやったかどうか、確認した。

これをくり返していると、最後にはリョウマは泣き出してしまった。リョウマがみんなの前で泣いたのは、これが初めてだ。


私からどれだけ厳しく叱られても、泣くことはなかった子だ。それでも、大勢の友達から責められることには、耐えきれなかったのだ。


「これからは、友達に悪さをするのを止めなさい。また、悪さをしてしまった時には、素直に認めて、謝りなさい。」

リョウマは、泣きながら小さく頷いた。

「みんな、この涙で今までのことは、許してあげて。それに、リョウマが自分の悪さを認めたのは、初めてだよね。成長してると思わない？　成長したと思った人は、リョウマに拍手を贈ってあげて。」

優しい子どもたちである。クラス全員がリョウマに拍手を贈ってあげた。

この日から、リョウマは大きく変わった。友達に悪さをすることが極端に減ったのだ。もちろん、ついつい悪ふざけが過ぎてしまうことはあった。それでも、その時は、やったことを認め、謝ることができた。私は、この事実をどんどん宣伝した。

「そういえば、最近、リョウマに関する苦情を聞かないね。みんな、リョウマ、成長していると思わない？」

「リョウマが悪さしてしまったんだけどさ。ちゃんと認めて、謝ったんだよ。リョウマ、変わったよね。成長してるよね。」

もともと元気のよい子である。リョウマはどんどん人気者になっていった。

この実践、「公開裁判」のようで嫌だと感じる読者も多いだろう。しかし、ここまで思い切って勝負をかけたから、リョウマは変わったのだ。

教師は、こういう危ない手を打ってでも勝負しないといけない時がある。ただし、絶対に勝てるという確信と、その後のフォローが必要だ。

こういう「荒療治」も「策略」の1つなのである。

アクティブ・ラーニングより「考える隙」を与えぬ授業を

「アクティブ・ラーニング」という言葉が大流行した。某M出版社が出す教育書なんて、一時期は『アクティブ・ラーニング』というタイトルばかりだった。

結局は、「主体的・対話的で深い学び」という名称に落ち着いた。まあ、中身は変わっていない。小難しい日本語になって、わかりにくくなっただけかな。

私は、実は「アクティブ・ラーニング」に半分賛成で、半分反対だ。

もちろん、歓迎する部分も多い。教師が一方的にしゃべり続ける講義型の一斉授業は、子どもたちには退屈だ。子どもの活動量が多い「アクティブ・ラーニング」は、「子どもたちのお腹がすく授業をしよう」という私の提案にもマッチする。

しかし、……である。これ、本当に全ての学校でできるのだろうか？

困難校でこんな授業をやったら、子どもたちが騒ぎ出すのは目に見えているではないか。

私の尊敬する先輩の大実践家がいる。『ブラック学級開き』119ページで紹介したA先生である。彼との飲み会で、「アクティブ・ラーニング」の話になった。その時の彼の言葉が大変興味深い。


あいつらに考える時間なんて与えたら、ダメなんですよ。

そんなことしたら、授業が成り立たなくなる。


この言葉の重みがわかるだろうか？　わかる方は、困難校に勤めた経験があるに違いない。逆にわからない方は、本当の困難校に勤めたことがない方だろう。

私も、全くの同感だ。


困難校の子に、考える時間なんて与えたら、何を考えるかわからない。

その時間を使って、おしゃべりをする子がいるだろう。立ち歩く子さえいるだろう。

対話を入れるのも、そうだ。困難校で下手にペアやグループで話し合う時間を入れると、必ずトラブルになるクラスもある。すぐに別のおしゃべりを始め、遊び始めたり、ケンカし始めたりすることがあるのだ。

おしゃべり、立ち歩きは、学級崩壊の特徴だ。この特徴が出てしまったら、授業は成り立たない。

おしゃべり、立ち歩きをさせないように、困難校で、私は子どもたちを動かしまくった。立たせたり座らせたり、声出しさせたりした。

子どもたちは、アクティブに動く。しかし、「アクティブ・ラーニング」と考え方は、全く逆。
こうやって動かして、子どもたちから、良からぬことを考える時間を奪うのだ。

私のクラスは、子どもたちをとにかく動かす。一見無駄な動きに見えるかも知れない。

しかし、子どもたちを動かし続けて、サボる隙を与えないのだ。

こうやって、何とか授業を成立させているのが、困難校の現状である。

世のなかには、ずいぶん高尚な実践を提案する人たちがいる。その方たちは、本当の困難校に勤めた経験がないのだろう。幸せなことだ。うらやましい。

そういう幸せな人たちは、高尚な実践をやっていけばいい。それは、否定しない。批難もしない。で、大学の先生にでもなって、高尚な本を出せばいい。

困難校では、子どもたちの自由度を下げるしかない。自由度を上げ、「自治」なんて言い出すと、それこそ無法地帯になってしまう。

いずれにせよ、どの学校も一律で、同じことをやるのは無理だと思う。だから私は、どんな学校にも一律にさせるのを止めてほしいだけだ。

落ち着いた学校と困難校で、同じ実践ができるわけがない。理想は、落ち着いた学校だけで実践し、実現してくれればいい。

やはり、私は目の前の子どもが全て。事実が全て。私は現場人なのだ。

申しわけないが、学級崩壊につながるような高尚な実践は受け入れられない。自分の身を滅ぼすことにつながるからだ。だから私は、断固、拒否する。

盛り上げたからには、制圧せよ

私の特技は、ゲームである。ゲームが専門だと言ってよい。といっても、スマートフォンやパソコンなどのゲームではない。クラス全員でやるゲームが得意なのだ。

クラスで行うゲームは、１０００以上知っている。いや、もっとかな。

最近は、「日本一の腹黒教師」で売っている。しかし、私は、もともとは「日本一のお笑い教師」だ。いや、最近も楽しいゲームの本はつくっている。『ゲームはやっぱり定番が面白い！ジャンケンもう一工夫ＢＥＳＴ55＋α』（黎明書房）なんて、名著。ジャンケンだけで55のゲームを集められる男は、そうはいない。

私が登壇するセミナーでは、いろいろなゲームを連発する。そして、会場は大盛り上がりになる。

これらのゲームをすれば、若手でも、クラスを大盛り上がりにすることができるだろう。子どもたちにとって、ゲームを誰が開発したかなんて関係ない。楽しければいいのだ。

私の講座や本で学んだゲームをどんどんクラスでしてほしい。そして、子どもたちを楽しませてほしい。そうすれば、クラスの雰囲気は良くなる。教師と子どもの関係も良くなる。

しかし、講座でゲームを紹介した後、私が若手教師に口を酸っぱくして言うことがある。それは、次のようなことだ。

ゲームで盛り上がった後は、子どもたちを静かにさせなさい。それができない教師は、クラスでゲームをする資格はない。

ザワザワとした雰囲気が続くと、学級は成り立たない。逆に、黙って静かに過ごす時間がクラスに落ち着きをもたらせてくれる。教師は学級を成り立たせるために、「策略」として、子どもたちが黙る時間、沈黙の時間をつくる必要がある。

たとえば、私は掃除は、「黙って」にこだわる。今、私が勤務している学校は、全校で

「掃除は？」「黙って！」の合言葉をつくっている。そして、合言葉をもとに、厳しく指導し、全校が黙って掃除できる学校になっている。

だから、学校全体が落ち着いている。お陰で、生徒指導上の問題もほとんど起こらない。

沈黙の時間が、子どもたちに落ち着きをもたらすのだ。

それなのに、楽しいゲームの後、ザワザワが続いてしまったら、学級は危うい。

子どもを「制圧」できない教師がクラスでゲームをすることは、まさに、「百害あって一利なし」である。

ゲーム後のザワザワ空気を静められないなら、ゲームなんてしない方がよっぽどマシ。

と言いながらも、やっぱりゲームで子どもたちを楽しませてほしいかな。

となれば、力をつけるしかない。子どもたちがザワザワしている時は、「静かにしなさい！」と一喝して、一瞬で静めるぐらいの力をつけてほしいものである。

役立たずの「研究」に手を染めるな

私の尊敬する野中信行氏が算数の共同研究を始められた。野中氏が提案する「『味噌汁・ご飯』授業」をもとにした研究だ（野中信行・小島康親編・「味噌汁・ご飯」授業研究会著『日々のクラスが豊かになる「味噌汁・ご飯」授業算数科編』明治図書を参照）。

野中氏は、こんな私にも「算数共同研究通信」を送ってくださった。

「算数共同研究通信」には、次のように書いてある。

> この共同研究の目標は、2つ。
>
> (1)クラスの低学力児を引き上げていくこと。
>
> 10、20、30点を取っている子供を、60、70、80点に引き上げていく。

(2)クラスの平均点を90点以上にすること。(50点満点では、それぞれの領域で、45点以上)
しかし、これはクラスの実態によってかなり違ってくる場合があるので、無理をしないこと。

さすが、野中氏!である。

数字(結果)にこだわっているのと、地味なのがすごくいい!

と思った。それこそ、多くの学校で行われている「研究」と対照的だ。
では、多くの学校で行われている「研究」とは、どのようなものか?2点述べる。
まず、1点目は、

よくわからない仮説を立て、なんとなく結果が出たような発表をする

ということだ。

私も、多くの研究発表会に参加してきた。研究の説明も聞いてきた。しかし、正直、よくわからないことがほとんどだった。特に、仮説の意味がわからない。

しかも、今まで、「この仮説は失敗でした」という「結果」を聞いたことがない。これで、「研究」と言えるのか？疑問である。

2点目は、

日頃の授業改善につながらないような、派手な提案をする

ということである。

大きな仮説を立て、派手なことをやりたがる。研究授業も、提示物など、たくさんの準備がしてある。まるで、よそ行き。とても、日々の授業に生かせそうにはない。

我々は、年間に1000時間も授業をしている。これだけ多くの日常授業に生かせるのは、地味な提案だと確信している。

しかも、

野中氏の「目標」で一番いいのは、「無理をしないこと」の部分である。

本当に野中氏らしいと思うが、これ、最高！

確かに野中氏が言われるように、「クラスの実態によってかなり違ってくる場合がある」のは、本当だ。

たとえば、外国籍の子が多い学校など、そうだ。日本語がやっとしゃべれる子たちに、算数の文章問題など、至難の技だ。

また、初任者には、「無理をしないこと」は、救いになるだろう。もともとの低い点数設定も、初任者には有り難い。

いつも思うことだが、野中氏の提案は、初任者に優しい。見習いたいものである。

いずれにせよ、「研究」とも言えない「研究」は、もうやめた方がいい。野中氏のような「結果」にこだわった「地味」な研究こそが、厳しい現場を救うのだ。

誰も君の話を聞きたがってはいないと知れ

会話術の基本は、

できるだけ話さない

ということである。

こう言い切る理由は、「人間は、話すのは好きだが、聞くのは嫌い」という私の人間理解にある。

だから、会話で相手を満足させるためには、聞き役に徹した方がいいと思っている。

特に教師には、話し好きが多い。しかも、話し好きで話し下手が多い。

私もそんな一人だと自覚している。

そんなおしゃべりな教師たちに自戒の念も込めて告ぐ。

他の人は、あなたが思っているほど、あなたの話を聞きたいとは思っていない。

そのことは、自覚した方がいい。

だから、会話では、聞き役に徹することが大切だ。しかし、ただ黙って聞いていても、相手はつまらないだろう。

では、どうすれば、相手に気持ち良く話させることができるのか。そのための「聞く技術」を学ぶうえで大変役立つのが明石家さんま氏である。

えっ!?　さんま氏の「聞く技術」？「話す技術」じゃなくて？と驚く読者もいるかも知れない。

しかし、さんま氏の番組を見終わった後に残るのは、「ゲストがおもしろかったな」という印象だ。「さんまさんっておもしろいな」という印象は残らない。

これは、さんま氏が聞き上手である証拠。さんま氏は、「聞く技術」を上手く使って、ゲストの話、おもしろさを引き出しているのだ。

試しに、さんま氏の番組を分析的に見てみると良い。さんま氏が驚く程、聞き上手であることに気づくはずだ。

では、さんま氏の「聞く技術」をいくつか紹介しよう。

①うなずく　さんま氏は、ゲストの話を「うん」「うん」と言いながら聞いている。ゲストはしっかり聞いてくれていると感じることだろう。

また、うなずきを入れることで、会話にテンポとリズムが生まれる。そのためゲストは、調子よく話せる。

②くり返す　さんま氏は、「〇〇なんだ」と相手が言ったことをくり返しながら聞いている。これも、話をしっかり聞いているよというメッセージになる。

また、合いの手を入れることで、テンポとリズムを生んでいる。

③否定せず、最後まで聞く　さんま氏は、うなずきやくり返しをしながら、話を最後ま

で聞く。途中で話をやめさせるようなことはしない。

また、ゲストの話を否定するようなこともしない。少々話がズレたり、要領を得なかったりしても、最後まで共感的に聞く。

だから、ゲストは安心して生き生きと話すことができる。

④オーバーなリアクション さんま氏は、ずっと笑いながら話を聞いている。他のゲストやお客さんが笑っていない時ですら、笑い続ける。
さんま氏に笑ってもらえるとは、認めてもらえている証拠。ゲストは話しやすいに決まってる。

また、時にさんま氏は、机を叩いてオーバーに笑う。ずっこけるほど、驚いてみせることもある。こういう大きなリアクションをすれば、自分の話を喜んでくれていると、話し手は嬉しくなるだろう。

①〜④だけに限らない。さんま氏は様々な「聞く技術」を駆使して、番組を進行している。だから、さんま氏の番組に出たゲストは、話し下手でも饒舌になるのだ。生き生きと話せるのだ。
教師もさんま氏の「聞く技術」を真似して、相手の話を引き出せるようにしたい。

明石家さんまの「聞く技術」を悪用せよ

職員室で、同僚から子どもや保護者の悪口を聞くことは多い。

それだけ今の現場は大変だ。子どもや保護者の悪口を言いたくなる気持ちは十二分にわかる。それなのに、

「教師が子どもの悪口を言うのはいかがなものか」

なんて言う同僚が一人でもいたら、愚痴さえ言えない。

子どもや保護者の悪口が飛び交う職員室は、私は良い職員室だと思っている。いや、確信している。

愚痴ぐらい共感的に聞いてあげようではないか。教師たちは大変な子ども、保護者と戦い続けて疲れきっているのだ。職員室は、厳しい教育現場に残された最後の憩いのオアシスである。職員室ぐらい、誰にも気兼ねせず、リラックスできる場所にしたい。

職員室でも、さんま氏の「①うなずく」「②くり返す」の技術が使える。

同僚が子どもや保護者のことで愚痴を言い始めたとしよう。

私なら、「うん」「うん」と言いながら、しっかり聞く。そして、「〇〇なんだね」と相手の言ったことをくり返す。

私の合いの手に乗って、同僚はどんどん話す。私は聞き役に徹するだけだ。ほとんど自分からは発言しない。

「③否定せず、最後まで聞く」ことも忘れない。正直、聞いていて、

「この人、下手だなあ。もっとクラスを上手く回せばいいのに」

と思うことがある。

「ウチのクラスでは、絶対、こんなこと起こらないけどな」

と思うこともある。でも、そんなことは絶対に口にしない。

とにかく、ひらすら共感的に「そうだよね」と聞き続ける。聞いてもらっただけで、同

僚は満足の表情を浮かべてくれる。ガス抜きをしてあげられれば、それで十分だろう。

彼ら彼女らは、何か具体的なアドバイスがほしいわけではない。聞いてもらえれば、それで十分ということが多い。

「④オーバーなリアクション」の技術も使う。「そうだよね。俺にもこんな経験があってね」と、同じような失敗談を話してあげるのだ。

実は、私には大きな失敗がない。失敗が怖いので、事前に「予防」を張り巡らす。まさに、石橋を叩いて渡る性格だ。

それでも、裏技がある。過去に見聞きした同僚の失敗談を自分の話のようにして話すのだ。すると、

「中村先生でも、そうなんですか!?」

と相手はホッとしたような、嬉しそうな表情を浮かべる。

そして、私は心のなかで「してやったり」と舌を出すのだ。もちろん、同僚に気づかれないようにである。

働き方改革? 楽して「お金」は稼げない!

最近、働き方改革が叫ばれている。管理職も残業時間を把握し、なんとか減らそうと躍起になっている。

確かに、毎日22時23時まで学校に残って働いているのは問題だ。そんなことをしていたら、心と体を壊してしまう。そんな働き方は、断固、改革するべきだ。

しかし、この流れに合わせて、楽ばかりをしようとする若手が増えたような気がしてならない。私の気のせいだろうか? 簡単に言えば、大変な仕事から逃げる若手が増えているように感じるのだ。

そこで、若手教師が勘違いしないように書いておく。

仕事は厳しいものだ。仕事で楽しようと思うなかれ。

これは、教師に限らない。どんな仕事でも厳しいのは当たり前。働いてお金を稼ぐのは大変なことなのである。

なにもしなくて、お金をもらえるはずはない。ましてや、我々公務員がいただいているのは、庶民の税金だ。

ちなみに、私の給料は、30万円程度かな。月20日ぐらい勤務したとして、日給1万5千円。いいお給料をいただいていると思っている。そして、これに見合うだけの仕事をする必要があると思っている。

確かに、今の私は、定時（勤務時間終了の16時40分）に帰ることを原則にしている。楽している方だろう。

しかし、若い頃は違った。それなりに真面目に仕事をしたものだ。

若い頃は、どんどん仕事を引き受けた。

研究授業があれば、率先して引き受けた。学年で全体指導の機会があれば、率先して引き受けた。ベテランの女性の先生が重たい物を持っていれば、率先して持ってあげた。

また、頼まれた仕事を断ったこともない。頼まれた仕事をすることで、新たな仕事を覚えることができるからだ。

そのお陰で、それなりのスキルを身につけ、要領が良くなった。
だから、今の私は定時に帰れるのだ。

こうやって率先して仕事を引き受けず、この歳まで楽をし続けたらどうだろう？ スキルを身につけることができず、結局、遅くまで仕事することになってしまっていたはずだ。

未来の自分への投資だと思って、仕事をどんどん引き受けた方がいい。
将来、楽をするための投資なのだ。

若い頃から楽ばかり考えていては、いいことはないと思う。
体と心を壊さない範囲で、仕事はどんどん引き受けるに限る。将来の自分への投資だと思って、嫌がらずに働こう。
それが未来の自分に楽をさせるための「策略」である。

「出る杭」になってまで打たれるな

仕事はどんどん引き受けるに限ると書いた。しかし、これは人から頼まれた場合の話。もちろん、頼まれた仕事だけではない。やってほしそうだなと思う仕事は率先して引き受けることが大切だ。

ただし、何でもやればいいというものではない。その仕事を他にやりたそうな人がいれば、その人に譲る。そのあたりの見極めは必要である。

たとえば、飲み会の後の支払いのようなものだ。私は人におごるのが大好き。飲み会の後の支払いをしたくなる悪い癖がある。

しかし、歳上の人と呑んでいる時には気をつける。その人が支払いをしてくれようものなら、遠慮なく、

「ありがとうございました」

と言う。その方が人間関係を良好にしてくれる。

特に若手が注意しないといけないのが、学校という組織のなかでの自分の立場だ。

若手には、まずは、

自分は学校という組織の一員なのだ。学校の歯車の1つに過ぎない

ということを自覚してほしい。

たとえば、今の私には、学級担任という立場がある。生徒指導主任という立場がある。交通指導担当という立場がある。社会科主任という立場がある。


私はこの立場を理解したうえで働いている。この立場の範囲で働いている。

たとえば、理科関係の仕事があったとしよう。その場合、私はその仕事に手を出さない。それが理科主任を尊重することであるからだ。

もちろん、理科主任から手伝いを頼まれれば、嫌がらずにする。担当を頼まれれば、嫌がらずにする。しかし、あくまで理科主任を立てたうえで、理科主任からお願いされた形でするのである。

若手でなににでも口を出し、手を出したがる人がいる。そして、結局、自分を大忙しにしてしまう。

しかも、自分の立場を越えて仕事をしているのだから、他の職員からは尊敬されない。でしゃばりだと思われるだけだ。

まずは、自分の立場を理解しよう。そして、その範囲で仕事をしよう。
自分以外の分掌の仕事は、担当に任せてしまえばいいのだ。

職員会などでの発言も同じである。私は自分の立場からのみ発言する。私的な考えは述べない。

こういう立ちふるまいをすれば、周りからの信頼も得られる。管理職からの信頼も得られる。信頼を得られれば、仕事をスムーズに進められるようになる。

教師の「教えたがり」の「性」を利用せよ

学級でトラブルがあった時などは、すぐに周りに相談することが大切だ。そうすれば、的確なアドバイスをくれる。学年主任や管理職に相談した方がいいと教えてくれることもあるだろう。

私も、とにかく周りに相談することにしている。そして、助けてもらっている。

若手教師たちも、

周りに助けてもらうテクニック

のようなものを身につけておくといいだろう。厳しい現場は、決して一人では生き抜けない。

トラブルがあった時だけに限らない。私は困った時は、すぐに周りに相談する。たとえば、次の日の国語の授業に困った時である。私はすぐに隣の席の同僚に、

「国語の○○の単元、どうやって進めているの？」

と、相談する。

その同僚が教えてくれることもある。または、

「国語なら、○○先生が得意だから、聞いてみれば」

と教えてくれることもある。

もともと、教師は教えたがりである。この性質を利用しないのは、もったいない。

教えを請うと、教師は嫌がらず教えてくれる。それどころか、喜々として教えてくれる。すぐに使えるワークシートをくれることもある。

自分で考える手間を省き、良質の指導技術が手に入る。まさに、一石二鳥である。

そもそも私は、オリジナリティにこだわらない。子どもにとって、誰が開発した授業かなんて、関係がないからだ。子どもにとって重要なのは、授業が楽しいかどうか、力がつくかどうか、だけである。

開発には時間がかかる。労力もかかる。だから、私は開発しない。

授業も、自分で考えるなんて、時間の無駄。
周りを上手く利用して、教えてもらえばいいのだ。

また、人間、頼られると嬉しいもの。

「この間いただいたワークシート、最高でした。お陰で、上手く授業できました。次の単元も教えてもらえますか？」

こんな風に言って、また頼りにすると良い。

周りを頼りにしていれば、かわいがってもらえる。時短になるだけでなく、人間関係も良くしてくれるのだ。

人間関係が良くなれば、仕事もスムーズに進められる。

西野JAPAN万歳！ 結果だけが全て

私はサッカーが大好きだ。いや、正確な言い方ではないな。サッカーを見るのが好き。

私が子どもの頃は、サッカーなんてなかった。みんな野球をやっていた。たぶん、サッカーをして遊んだ経験なんて、皆無だろう。

そんな私だから、サッカーボールはつま先で蹴ってしまう。子どもたちとサッカーをするのは好きだが、超下手くそだ。

だけど、見るのは、大好き。

「ドーハの悲劇」の頃から日本代表はずっと応援している。特に、トルシエジャパンの頃から、はまった。ワールドユースの準優勝から、日本代表の虜である。そして、今は我がサンフレッチェ広島の熱烈なサポーターだ。

そんな私だから、2018年に行われたロシアワールドカップも、もちろん、ほぼ全試合観戦した。そして、応援するのは、もちろん、西野JAPANである。

私の戦前の予想は、3連敗。相手チームとの力の差を冷静に判断した結果だ。

それなのに、西野JAPANは奇跡的な活躍を見せた。初戦のコロンビアに、まさかの勝利。そして、あのセネガルと引き分け。しかも、二度勝ち越されて追いついたのは大きい。

日本の力量から考えれば、奇跡のような決勝トーナメント進出のチャンスが訪れたのだ。

迎えたポーランド戦。後半残り10分のボール回しが、世界各国から、猛烈な批判を浴びた。

西野監督の試合後の会見が、胸に突き刺さった。西野氏曰く、

「自分のポリシーからすれば、本意ではない」

「納得のいかない不本意な選択」

である。その一方で、

「ワールドカップにはそういう戦いもある」

「その選択が正解と出れば、勝負にも勝ったということ」

「そういうサッカー、フットボールもあっていい」

「ワールドカップというこのグループステージを突破するなかでの究極の選択」

とも言う。彼の葛藤が、リーダーとしての苦しい胸の内が、伝わってくる。

私も「ブラック」になったのは、全く「本意」ではない。若い私は、「理想」を求めていた。大学の卒論も、「子どもの権利条約」だ。明治図書の雑誌『特別活動研究』1997年4月号に「ていあんの時間」なんて、「理想」を書いたこともある。若い私は、子どもたちの「自治」を追究していた。子ども中心の教育という「理想」を追い求めていたのだ。

でも、私は、「理想」を捨てた。私が知った「現実」は、非常に厳しいものだったからだ。「自治」なんて「理想」を述べる実践家たちは、怪しい。彼らの本は、もちろん読んでいる。彼らの講座も何度も聞いた。でも、思うのは、彼らの「甘さ」だ。

彼らは、教育現場の底辺の「現実」を知らない。幸せな教師人生なのだろう。彼らは、得意げに「修羅場」も紹介する。でも、私が知っている「現場」の実感とは明らかに、違う。「甘い」。だから、彼らは「理想」を求め続けられたのだ。

話をサッカー日本代表に戻そう。日本は、弱い。それが、「現実」だ。ベスト16に残ったチームのＦＩＦＡランキングを見ても、一目瞭然ではないか。

その日本が決勝トーナメントに進出する絶好の機会が訪れたのだ。どんな手を使ってでも、成し遂げる必要がある。

「いけいけどんどん」で大逆転負けを食らってしまった決勝トーナメント1回戦のベルギー戦が評価されている。

確かに、すがすがしい戦いだった。正々堂々と戦って、あの強豪ベルギーを苦しめた。ちなみに、私は今回のワールドカップで、ベルギーが一番強いと思っていた。優勝候補の最右翼だと思っていた。

そんなベルギーに大接戦である。大健闘であることは間違いない。

しかし、大接戦でも、大健闘でも、結果は、ベスト16。二度とないかも知れないベスト8という「結果」が残せなかったではないか。

「結果」がないなら、大接戦も大健闘もいらない。

ポーランド戦を批判する人たちは、サッカーを知らない人たちだと思う。「日本は弱い」という「現実」を知らない人たちだと思う。

私は「日本は弱い」という「現実」を知っている。だから、西野監督の「現実」をふまえたうえでの「策略」を断固支持するのだ。

まあ、サッカーの世界なら、「結果」が出なくても良いかも知れない。「いけいけどんどん」の攻撃で優勝候補のベルギーと接戦を演じたのだ。ベスト8という結果がなくても、死ぬことはない。良い思い出だけが残る。

しかし、教育の世界は、違う。学級崩壊しないという「結果」を出すことができなければ、死んでしまうかも知れないのだ。退職なんていう、教師としての「死」。自殺なんていう、人間としての「死」。どちらも可能性がある。

『ブラック』を批難する人たちがいる。戦友の小野領一氏の著作『学級崩壊崖っぷちでも乗り切れる!頑張らないクラスづくりのコツ』(明治図書)などの超現実的な本を批難する人たちがいる。

そして、「現実」も知らずに、「自治」なんて「理想」を平気で述べる人たちがいる。

しかし、私は、今の学校現場の厳しい「現実」を知っている。だから、「結果」にこだわる。

「結果」と言っても、大きな華々しい「結果」ではない。とにかく学級崩壊させないという地味な「結果」だ。

厳しい現場では、学級崩壊が多い。そして、辞めていく、いや、辞めさせられていく教師も多い。だから、私はどんな手を使ってでも、学級崩壊させないという「結果」にこだわる。それが、自分自身を守るためだからだ。

ベルギー戦の日本代表のように「いけいけどんどん」で真っ向勝負をしても、学級崩壊してしまったら、意味はない。それは、我々教師にとって、「死」を意味する。

ポーランド戦の残り10分、後ろでパス回しをし続けた日本代表の姿は、私自身に重なる。残り3ヶ月、学級崩壊しないように、攻撃的・刺激的な実践はしない。ただただ、子どもたちに刺激を与えないように、平穏無事に過ごせるようにする。ただただ、無難に時が過ぎるのを待っているのだ。逃げているのだ。

「理想」だけを語れるほど、今の学校現場は、甘くはない。少なくとも、私は「理想」を捨て、「逃げ」の策略をとる時がある。

日本代表のポーランド戦、残り10分を見習おう。どんな手を使っても、学級崩壊しないという「結果」を出そう。

それを批難するのは、本当に厳しい現場を知らない人間だけなのだ。

【著者紹介】

中村　健一（なかむら　けんいち）

1970年，父・奉文，母・なつ枝の長男として生まれる。

名前の由来は，健康第一。名前負けして胃腸が弱い。

酒税における高額納税者である。

キャッチコピーは「日本一のお笑い教師」。「笑い」と「フォロー」を生かした教育実践を行っている。しかし，この『ブラックシリーズ』でその真の姿，「腹黒」をカミングアウト。

【主要著作】

『策略―ブラック学級開き　規律と秩序を仕込む漆黒の三日間』

『策略―ブラック授業づくり　つまらない普通の授業にはブラックペッパーをかけて』

『策略プレミアム―ブラック保護者・職員室対応術』

『策略―ブラック学級づくり　子どもの心を奪う！クラス担任術』

（以上，明治図書）

『担任必携！学級づくり作戦ノート』（黎明書房）

『明日の教室ＤＶＤシリーズ36弾　学級づくりは４月が全て！』

（カヤ）

策略―ブラック運動会・卒業式

追い込み鍛える！行事指導

2019年２月初版第１刷刊　©著　者　中　村　健　一

2019年５月初版第２刷刊　発行者　藤　原　光　政

発行所　明治図書出版株式会社

http://www.meijitosho.co.jp

（企画）佐藤智恵（校正）川村千晶

〒114-0023　東京都北区滝野川7-46-1

振替00160-5-151318　電話03（5907）6703

ご注文窓口　電話03（5907）6668

＊検印省略　組版所　株　式　会　社　カ　シ　ヨ

Printed in Japan　ISBN978-4-18-290015-0